과감하게 시장을 공략하는 주식 강세 전략

카부키류
기술적 분석을 활용하면
주식 투자가 보인다

※ 일러두기

본문에서 일봉, 주봉, 월봉과 일봉 차트, 주봉 차트, 월봉 차트를 혼용하여 쓰고 있는데, 가급적 원서 표현 그대로 담았습니다.

資産を100倍にする「株鬼流」仕掛けの全技術
SHISAN WO 100BAI NI SURU "KABUKIRYU" SHIKAKE NO ZENGIJUTSU
Copyright © 2019 THE KABUKI
All rights reserved.

This Korean edition was published by Dodreamedia.co.kr in 2025 by arrangement with Kanki Publishing Inc. through KCC(Korea Copyright Center, Inc.), Seoul

이 책은 (주)한국저작권센터(KCC)를 통한 저작권자와의 독점계약으로 ㈜두드림미디어에서 출간되었습니다. 저작권법에 의해 한국 내에서 보호를 받는 저작물이므로 무단전재와 복제를 금합니다.

과감하게 시장을 공략하는 주식 강세 전략

카부키류 기술적 분석을 활용하면 주식 투자가 보인다

카부키 지음 김진수 옮김

두드림미디어

프롤로그

'카부키류(株鬼流)'는 제가 오랜 세월 축적한 방대한 주식 차트 데이터를 바탕으로 철저한 분석과 검증을 거쳐 확립한 투자 기법입니다. 이 기법을 가르쳐달라는 요청이 점점 늘어나면서 현재는 무려 약 2,200명의 제자를 거느리게 되었습니다.

제자들 중에는 주식만으로 수십억 엔의 자산을 일군 이들도 여럿이고, 단돈 30만 엔으로 시작해 5억 엔까지 자산을 불린 고수도 있습니다.

'카부키류'는 차트를 통해 주가의 흐름을 분석하는 '기술적 분석'입니다. 물론 종목 선정 시에는 국가와 지역의 경제 상황 같은 소위 '펀더멘털' 분석도 활용하지만, 실제 그 종목을 살지(또는 팔지), 만약 산다면 어느 타이밍에 할지는 전적으로 캔들 차트의 움직임을 신뢰합니다.

'기술적 분석은 펀더멘털 분석에 우선한다', 이것이 대전제입니다.

제가 터득한 기술적 분석 방법은 기존의 주식 투자 방식과는 크게 다른 부분도 많기 때문에 어느 정도 주식을 아는 사람은 놀랄지도 모릅니다. 하지만 **기술적 분석을 배우지 않으면 계속 승리하는 것은 불가능**합니다.

'카부키류'의 기본은 '강세 전략'입니다. 일반적으로는 주가가 하락하면 매수하고, 상승하면 매도하는 방식을 선호하지만, 카부키류는 다릅니다. 카부키류는 이미 고가를 기록하고 있으며, '추가 상승 가능성이 매우 크다'(시장이 강세)라는 확신이 드는 종목을 공략(매수)합니다. 즉, **고가에 매수하고, 고가에 매도하는**(포지션을 제로로 만드는) 것입니다.

카부키류에서는 매수 또는 매도 행위를 '공략'이라고 합니다. 공략이라는 단어에서는 왠지 '공격적인' 뉘앙스가 느껴지지 않나요? 시장에서는 이 '과감하게 공략하는' 감각이 중요합니다.

물론 예상과 달리 매수한 종목이 하락할 수도 있습니다. 이 경우에는 즉시 손절매(로스컷)하는 것이 중요합니다. 카부키류에서는 이 **로스컷**(LC, Loss Cut = 손절매)**과 타깃 프라이스**(TP, Target price = 목표 주가)**까지 철저하게 수치화해서 관리합니다.**

또한 이 책에서는 지금까지 기존 저서에서 다루지 않았던 '매도 공략법'을 처음으로 공개합니다. 이 기법은 이전 제 저서에서 다룬 적이 없었던 것은 물론, 제자들에게도 거의 알려주지 않은 비법입니다.

카부키류는 본래 개별 상승장에서 매수로 공략하는 것이 기본이지만, 요즘처럼 시장의 방향성을 예측하기 힘든 상황에서는 유동성이 높은 종목 중에서 공략할 만한 대상이 장기간 전혀 나타나지 않을 수도 있습니다.
반면 **하락장에서는 유동성이 높은 종목에서 매도 신호가 자주 나타나므로** 이를 묵과하지 말고 **과감한 매도로 공략할 필요**가 있습니다. 이 방법도 꼭 활용해보시기 바랍니다.

이 책에는 **철저한 검증을 거친 97개의 실전 차트가 수록**되어 있습니다. 카부키류 강의를 바탕으로 초보자도 쉽게 이해할 수 있도록 간결하고 쉬운 표현을 사용해서 공략 기술을 설명했습니다. 즉, 이 책은 **카부키류 강의를 재현**한 것입니다.

오랜 세월 검증을 통해 얻은 지혜를 아낌없이 담은 만큼 이 책에서 소개하는 카부키류 투자의 모든 기술을 익힌다면, 여러분은 **어떤 장세에서도 주식 시장에서 계속 승리할 수 있을 것입니다.**

캔들을 믿고 차트에 충실하게 대응한다면 주식 투자는 더 이상 두렵지 않게 될 것입니다. 과감한 투자로 여러분도 큰 수익을 얻으시길 바랍니다.

그럼 카부키류 강의를 시작합니다.

카부키

프롤로그 ··· 4

카부키류 투자 기본 용어 ·· 11

Chapter 01 **카부키류** 모든 것에 통하는 투자 기술

1-1 카부키류에서 가장 중요한 'N' ··· 19
1-2 N의 기본 'BC30' ··· 22
1-3 N의 변형 'BC브리지' ··· 30
1-4 N의 응용 'NIN' ·· 38
1-5 수렴하는 형태 'T' ··· 45
1-6 저가권에서 나타나는 'S' ··· 54
1-7 급상승이 따르는 '동치일문' ··· 61

Chapter 02 **카부키류** 고가권 투자 기술

2-1 절대 놓쳐서는 안 되는 '적지' ··· 71
2-2 확실하게 이익을 얻는 '3% 하락 시 절반 매도' ························ 77

Chapter 03 카부키류 횡보권 투자 기술

3-1 횡보권의 필살기 '중족 돌파' ································ 85
3-2 급상승을 가장 빨리 포착하는 '봉화' ······················ 94
3-3 브레이크 포인트를 나타내는 '빗장' ······················· 103

Chapter 04 카부키류 저가권 투자 기술

4-1 장기 추세 전환을 나타내는 'W' ···························· 111
4-2 단기 추세 전환을 나타내는 '작은 W' ····················· 119
4-3 대세장을 포착하는 '5룡연' ·································· 125
4-4 바닥권에서 반등하는 '샛별형' ······························ 132
4-5 대바닥에서의 반전 '10% 타법' ····························· 136

Chapter 05 카부키류 섣부른 투자를 방지하는 기술

5-1 나쁜 캔들의 대표격 'J나팔' ································· 143
5-2 어디에 출현해도 위험한 '돔' ································ 149
5-3 뒤늦게 영향이 나타나는 '포물선' ·························· 157
5-4 상승과 하락의 전환점을 알리는 '삼공' ··················· 162

Chapter 06 카부키류 공매도의 모든 기술

6-1 'J나팔' 매도 전략 ··· 169
6-2 '삼봉 천장, 이봉A · 이봉B'의 매도 전략 ················· 178
6-3 '돔 · 포물선' 매도 전략 ······································ 186
6-4 '7주 연속 횡보 돌파' 시 매도 전략 ························ 192

Chapter 07 카부키류 투자의 기본 기술

7-1 카부키류 '투자의 기본 순서' ···················· **199**
　① 거래량은 100가지 단점을 가린다 ···················· **201**
　② 이등주·삼등주의 유혹을 떨쳐라 ···················· **209**
　③ TP를 정하고 매매한다 ···················· **210**
　④ 호가창 분석으로 큰손 투자자의 심리를 파악한다 ········ **212**
　⑤ 신용 거래 동향으로 미래 수요를 파악한다 ················ **214**
7-2 5가지 장세 감각 'OAHK&I'의 법칙 ···················· **215**
7-3 매매는 금기 '횡보' ···················· **217**
7-4 늦어도 '세 번째 양봉까지는 매수를 결정할 것' ················ **221**
7-5 대상승장 후에 주의해야 할 '정리의 법칙' ···················· **225**
7-6 갭 상승 출발 후 대폭 하락했을 때 '덮어쓰기 정리의 법칙' ··· **230**
7-7 인기 지속을 측정하는 '윗꼬리 갭 상승의 법칙' ················ **233**

부록 '슈퍼 A클래스'와 'A클래스' 리스트···················· **239**

에필로그 ···················· **244**

카부키류
투자 기본 용어

공략 호기라고 판단해 목표로 정한 종목을 매수하거나 매도하는 행위
청산 포지션을 0으로 만드는 것

강세장 상승세가 지속되며 강한 상승 에너지를 보이는 현상
유동성이 높다 매도 물량이 풍부한 것

민머리 캔들 꼬리가 달리지 않은 긴 음봉 캔들
양봉 시가보다 종가가 높은 캔들
음봉 시가보다 종가가 낮은 캔들

힙업* 저가가 전날보다 높은 것
힙다운 저가가 전날보다 낮은 것

장중 개장부터 장 마감까지의 시간
나이트 주로 장 마감 후 야간에 주식 동향을 체크하고 매매하는 사람
호가창 매수 주문과 매도 주문 정보를 알 수 있는 표. 인터넷 증권 주문화면으로 볼 수 있다.
호가 매수자가 사고 싶어 하는 가격(지정가)과 매도자가 팔고 싶어 하는 가격(지정가)

---

* 힙업·힙다운 : 원문에서는 엉덩이 올리기(ケツ上げ), 엉덩이 내리기(ケツ下げ)로 표기 - 역자 주

매수 호가공백 매수 주문에 비해 매도 주문이 적어서 거래가 성립되지 않는 상태

매도 호가공백 매도 주문에 비해 매수 주문이 적어서 거래가 성립되지 않는 상태

지정가주문 지정가에 주문(원하는 거래 가격을 지정)하는 것

시장가주문 거래 가격을 지정하지 않고 주문하는 것

갭 상승 출발 전날 종가보다 높은 주가로 거래가 시작되는 것

갭 하락 출발 전날 종가보다 낮은 주가로 거래가 시작되는 것

눌림 상승 중이었던 주가가 하락하는 것

거래량 매매가 성립된 주식 수

거래대금 주식 매매가 성립된 금액

신용 거래 현금이나 주식을 담보로 일본 증권금융 또는 증권회사에서 돈을 빌려 투자하는 것. 최대 3배의 주식 거래를 할 수 있음.

매수 잔고 신용 매수를 하고 아직 결제하지 않은 잔고

매도 잔고 신용 매도를 하고 아직 결제하지 않은 잔고

매수 우위 신용 거래에서 매수 잔고가 매도 잔고를 웃도는 상태

매도 우위 신용 거래에서 매도 잔고가 매수 잔고를 웃도는 상태

대차 종목 매수뿐만 아니라 공매도도 할 수 있는 종목

이동평균선 일정 기간의 종가평균값을 이어서 그래프로 나타낸 것

지지·저항선 그 수치 부근에 여러 번 도달하면서도 좀처럼 넘어설 수 없는 '보이지 않는 벽'

SP 매매 포인트

SD 매매 동기

TP 목표 가격(목표 주가)

LC 손절매

YHO 전일 고가 돌파

YLO 전일 저가 하향 이탈

신고가권 최근 2~3년 동안 가장 높은 가격대

진바닥권 최근 2~3년 동안 가장 낮은 가격대

A클래스 이전에는 발행 주식 수 15억 주 이상 20억 주 미만의 종목 리스트였으나, 2018년까지 시행된 '주식 병합'에 대응하기 위해 새롭게 순위를 매긴 카부키류의 독자적인 리스트. 부록에 수록

슈퍼 A클래스 발행 주식 수 20억 주 이상의 종목 리스트였으나, 2018년까지 시행된 '주식 병합'에 대응하기 위해 새롭게 순위를 매긴 카부키류의 독자적인 리스트. 부록에 수록

횡보 주가가 한동안 같은 가격대 구간에 머물며 상하 움직임이 적은 경우

이등주·삼등주 주가가 급등한 종목의 같은 업종 내의 2순위, 3순위 종목

Chapter 01

카부키류
모든 것에 통하는
투자 기술

카부키류의 기본은 상승 추세에서 과감하게 투자하는 것입니다. 그때, 승리하기 위한 기본 차트 패턴이 있습니다. 이번 장에서는 카부키류의 '모든 것에 통하는 투자 기술'을 알려드리겠습니다.

투자 기술 정리 ①

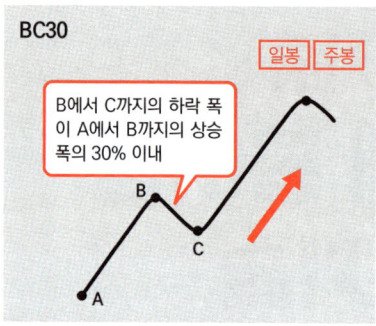

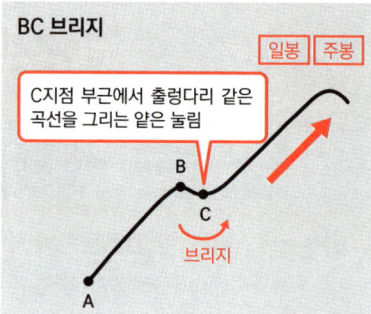

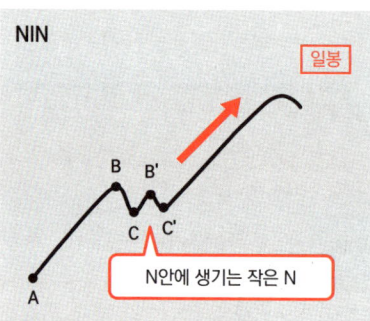

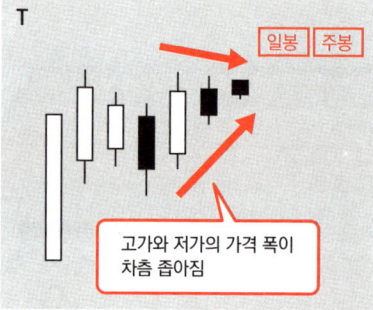

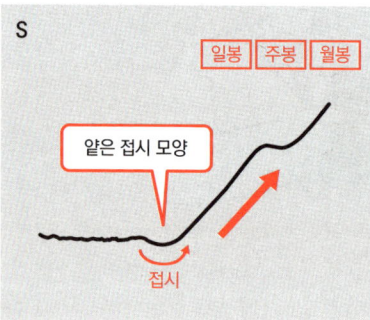

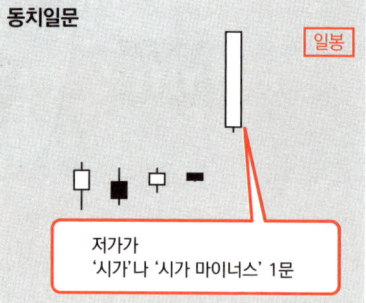

카부키류에서
가장 중요한 'N'

카부키류에서는 기본적으로 고가만을 노립니다.

고가에도 여러 종류가 있는데, 예를 들면 **'상장 이후 최고가', '연초 이후 최고가', '월간 최고가', '주간 최고가', '개장 후 최고가', '오전장 최고가', '반등 고가'** 등이 있습니다. 카부키류에서는 이러한 고가를 목표로 정해 과감하게 공략합니다.

카부키류에서 가장 중요한 차트 형태는 'N'입니다. N은 가장 기본적인 패턴이므로 반드시 이해해야 합니다. 하지만 그렇게 어렵지는 않습니다. 한마디로, 차트가 알파벳 'N' 모양으로 보이는 패턴을 말합니다.

<자료 1-1>을 살펴볼까요. 하락세였거나 횡보하던 캔들이 상승세로 전환된 양봉의 시가를 A라고 합시다. 이 A점은 음봉이 아닌 양봉

자료 1-1 N의 형태

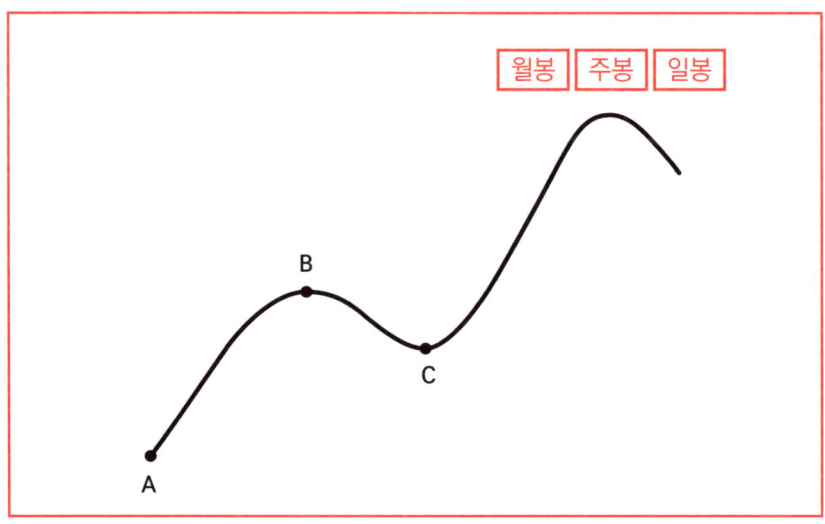

에 한정되므로 주의해야 합니다.

 그리고 저가가 전일 저가보다 낮아진(힙업) 경우, 또는 고가가 전일 고가보다 낮아진 시점에 B점이 생깁니다. 이때는 양봉, 음봉 상관없이 힙다운한 캔들의 전일 고가가 B점이 됩니다.

 <자료 1-1>을 살펴보면, A점에서 상승하기 시작한 주가가 B점에서 일시적으로 하락했다가 C점에서 하락이 멈추고 다시 상승세로 전환될 때 'N'자 형태가 만들어집니다.
 하락 폭이 작고 이후 강한 반등을 보이는 'N'자 패턴은 긍정적인 신호입니다. 향후 추가 상승이 기대됩니다. 비유하자면 높이 도약하

기 위해 잠시 몸을 낮추고 힘을 모으는 모습과 비슷합니다. 시장은 에너지입니다. **이 에너지가 축적되었다가 방출되는 감각을 이해하는 것이 중요**합니다.

먼저 '주봉'과 '일봉'을 확인하고 추세를 파악한 후, '월봉'을 보는 순서로 'N'자 패턴을 찾아보는 것부터 시작해봅시다.

N의 기본
'BC30'

'눌림을 피할 것.' 카부키류에서 가장 중요한 'N'에 대해 구체적으로 설명하겠습니다.

앞서 설명했듯이, 상승 폭에 비해 눌림(하락 폭)이 얕을수록 좋습니다. 눌림이 너무 깊으면 반등하기가 쉽지 않습니다. **하락 폭이 작고 빠르게 상승세로 전환되는 때가 이후 지속적인 상승으로 이어지는 경우가 많습니다.**

그럼 구체적으로 어느 정도 눌림이 공략(매수)하기 좋은 형태일까요? 이를 판단하는 기준이 바로, 'BC30'입니다. BC30의 '30'이라는 숫자는 하락 폭이 30%라는 의미입니다. N자 형태의 차트에서 A점(양봉 시가)과 B점(고가), C점(저가)의 BC 눌림폭을 AB의 상승 폭으로 나누면 퍼센티지를 계산할 수 있습니다.

계산식은 (B-C)÷(B-A)입니다. **이 값이 0.3, 즉 30% 이내로 유지되는 것이 바람직한 형태**입니다. 대략 40% 이상 눌린 'N' 형태는 다시 상승세로 전환될 가능성이 작으므로 투자하지 않는 것이 좋습니다.

또한 A점에서 B점까지는 짧은 기간 안에 도달하는 것이 좋으며, 중간에 음봉이 나타나더라도 힙업(저점이 상승하는) 형태라면 연속성이 있는 것으로 간주합니다. 단 힙다운하더라도 머리(고점)가 전날 고점보다 낮으면 C점을 형성하는 중이라고 생각해도 좋습니다.

하지만 ABC가 완벽한 형태로 나타나는 경우는 매우 드뭅니다. 대부분 변칙적인 형태가 많고, B점과 C점을 하루 안에 찍는 경우도 있습니다. 우선 아름다운 'BC30'의 형태를 잘 새겨둡시다. 그러면 점차 변칙적인 형태도 파악할 수 있게 됩니다.

BC30은 주봉과 일봉에 모두 적용할 수 있으며, 눌림이 얕으면 얕을수록 바람직한 형태입니다. 기본은 BC30이지만 때와 경우에 따라서는 조금 타협하는 것도 중요합니다. 즉, 기본은 어디까지나 기본이라는 것입니다.

이 **BC30의 형태를 확실하게 파악하고 최적의 타이밍에 공략하면 1년 내내 반드시 이길 수 있습니다.** 하지만 이런 패턴은 자주 나타나지 않습니다. 좀처럼 나타나지 않는 패턴을 끈질기게 쫓다 보면 지칠 수도 있지만, 그래도 계속 쫓는 것이 카부키류의 방식입니다.

이제 실제 차트를 살펴봅시다. <자료 1-2>는 후지쯔(6702) 일봉 차트입니다. 2016년 5월 16일의 시가를 A점, 5월 20일 고가를 B점, 5월 24일 저가를 C점으로 정했을 때, **BC는 얼마일까요?**

우선 계산하지 말고 얼핏 보기에 대략 얼마 정도인지 답해보세요.

어떠신가요? 그럼 이제 계산을 해봅시다.

A점에서 B점의 상승 폭은 4,214엔-3,804엔-410엔. 그리고 B점에서 C점까지의 하락 폭은 4,214-4,035엔=179엔입니다. 179÷410=0.4365…로 계산되어, 이 경우 하락 폭은 43% 이상임을 알 수 있습니다.

즉, **40% 이상의 눌림이 발생했으므로 공략을 시작하기에는 적합하지 않은 형태**입니다. 어떠신가요? 얼핏 보았을 때는 실제보다 눌림이 얕게 느껴진 분들이 많지 않을까요.

결론적으로 말씀드리고 싶은 것은 '**BC는 보기보다 크다**'라는 것입니다. 이 기본의 핵심인 'BC30'은 항상 나타나는 패턴입니다. 일일이 계산하기 번거로우니 차트를 가능한 한 많이 보면서 직관적인 감각을 키우시기 바랍니다.

자, 그럼 이 절호의 매매 기회인 'BC30'을 발견했을 때 어떻게 공략하면 좋을까요? 지금부터 구체적인 공략 방법을 설명해드리겠습니다. **'BC30'의 매매 포인트, 즉 'SP'는 C점을 찍고 상승한 후 B점의 가격을 돌파한 시점**입니다.

실시간으로 '장중 시세'를 볼 수 있는 사람은 움직이는 캔들 차트의 분봉을 보면서 B점의 가격을 돌파한 타이밍에 곧바로 매매를 시작할 수 있을 것입니다. 반면 장중 시세를 볼 수 없는 '나이트'는 다음 날 '시가'가 B점을 돌파할 때 매매를 시작하면 됩니다.

매매를 할 때 가장 중요한 요소는 '거래량'입니다.
기본적으로 거래량이 크게 쌓였을 때만 매매를 시작하는 것이 철칙입니다. 아무리 좋은 형태의 캔들이 나타나더라도 거래량이 부족해 보이면 매매를 보류하는 것이 현명합니다.
반대로 **매우 큰 거래량이 동반된다면, 경우에 따라서는 BC의 눌림 정도보다 거래량을 우선으로 고려해도 좋습니다.** 그만큼 거래량은 중요한 요소이므로 잊지 말고 확인하시기 바랍니다.

매매를 시작한 후 언제까지 보유해야 하는지도 중요한 문제입니다. 청산(포지션 정리) 타이밍을 제대로 파악하지 못하면 손실이 발생할 수도 있습니다.
'BC30'을 비롯해 **기본적인 청산 포인트는 상승하던 일봉이 '힙다운하는**(전일 저가를 하회하는)**' 시점**입니다. 따라서 저가가 전일 대비 하락하면 청산하도록 합시다.

"좀 더 오를지도 몰라"라며 망설이다 보면 주가가 급락해서 그대로 계속 하락하는 경우도 있습니다. 확실하게 이익을 확정하고 전체적으로 승리하기 위해서는 청산 타이밍이 매우 중요합니다.

어떠신가요? 카부키류 SP와 청산 방법에 대해 이해하셨나요?

혹시 "A점 부근에서 매매를 시작하면 더 큰 이익을 얻을 수 있을 텐데…"라고 생각하는 분도 있을지 모릅니다. 하지만 카부키류는 확실하게 상승할 것으로 예상되는 종목만을 공략합니다. 어떤 매매든 **'당일 매수 후 상한가'가 가장 이상적인 목표**입니다.

초반 상승세가 약한데 상한가를 기록하는 패턴은 매우 드물기 때문에 처음부터 강한 종목을 선정하는 것이 중요합니다. 모든 것을 다 가지려고 해서는 안 됩니다.

"생선의 머리와 꼬리는 남에게 주어라"라는 마음가짐으로 1단계(시세의 고가와 저가)**는 과감히 포기**해야 합니다. 좋은 부분만 취하는 것이죠. 적절한 타이밍이 아니면 매매를 시작하지 않는다는 원칙을 철저히 지켜야 합니다.

<자료 1-3>과 <자료 1-4>에 소지쯔(2768)와 닌텐도(7974)에 나타난 아름다운 'BC30' 차트를 실었습니다. 소지쯔는 2015년 4월부터 2회에 걸쳐 'BC30'이 나타났습니다. 이 아름다운 형태를 보고 아름다운 차트 모양을 머릿속에 새겨두시기를 바랍니다.

자료 1-2 'BC30' 사례 ① 후지쯔(6702) 일봉 차트

Chapter 01 · [카부키류] 모든 것에 통하는 투자 기술

자료 1-3 'BC30' 사례 ② 소지쯔(2768) 일봉 차트

28 카부키류 기술적 분석을 활용하면 주식 투자가 보인다

자료 1-4 'BC30' 사례 ③ 닌텐도(7974) 일봉 차트

N의 변형
'BC브리지'

'BC30'을 마스터했다면, 다음은 **'BC브리지'**입니다.

브리지(Bridge)란, 완만하게 하락했다가 완만하게 상승하는, 말 그대로 **'출렁다리'처럼 보이는 차트 패턴**입니다. 이 브리지의 바닥이 'BC30'의 C점 근처에 위치하는 것을 'BC브리지'라고 합니다. 'BC30'이 뚜렷한 'N'자 형태를 보이는 것과 달리, 'BC브리지'는 A점에서 상승해서 B점을 형성한 후 완만한 출렁다리 모양의 곡선을 그리며 B점의 고점을 돌파하고 다시 상승합니다.

이 모양을 형성하는 데 가장 적합한 기간은 일봉 기준으로 3일이면 충분합니다. 'BC브리지'는 매우 드물게 나타나지만, 강력한 필승 패턴입니다. 참고로 'BC브리지'는 B와 C의 폭이 30% 이내가 아니어도 상관없습니다.

카부키류의 기본은 주봉과 일봉에서 'BC30'이나 'BC브리지'를 찾는 것입니다. 당분간은 여기에만 철저하게 집중합시다. **'BC30'과 'BC브리지', 그리고 이후에 설명할 'T', 이 3가지만 확실히 익히면 절대로 지지 않습니다.**

'BC브리지' 패턴은 매우 드물게 나타나기 때문에 조급함을 이기지 못하고 성급하게 매매에 뛰어들기 쉽습니다. 하지만 인내심을 가지고 신중하게 공략하면 좋은 결과를 얻을 수 있습니다.

BC브리지는 엄밀하게 수치를 분석하기보다는 캔들 차트가 대충 브리지 형태로 보이면 충분하기 때문에, 우선 다양한 사례를 보면서 이상적인 형태를 기억하는 것이 중요합니다.

그럼 실제 차트를 몇 가지 살펴봅시다.

<자료 1-5> 샤프(6753) 일봉 차트를 참조하시기 바랍니다. 2016년 5월 19일부터 5월 26일까지 형성된 캔들 패턴이 브리지 형태로 보이시나요?

이 차트는 이후 예상만큼 크게 상승하지는 않았지만 캔들 형태만 보면 완벽한 브리지입니다. 참고로 26일의 저가는 전일 저가와 동일한 1,380엔이지만, 만약 1,370엔이었다면 힙다운이므로 브리지는 성립되지 않았을 것입니다. 이러한 감각을 익히는 것이 중요합니다.

다음으로 <자료 1-6> 콤시스HD(1721)의 일봉 차트를 살펴보면

2017년 9월 12일부터 19일까지 BC브리지를 형성하고 그 후 상승했습니다.

그 뒤로 이어서 다이이치산쿄(4568)와 도쿄전력HD(9501), 도레이(3402)의 일봉 차트에 나타난 BC브리지 패턴을 수록했으니 참고하시기 바랍니다.

BC브리지의 SP 역시 B점 돌파 시점입니다. B점의 가격을 넘지 못하고 하락한다면 공략 대상에서 제외하도록 합시다.

자료 1-5 'BC브리지' 사례 ① 샤프(6753) 일봉 차트

Chapter 01 · [카부키류] 모든 것에 통하는 투자 기술 **33**

자료 1-6 'BC브리지' 사례 ② 콤시스HD(1721) 일봉 차트

자료 1-7 'BC브리지' 사례 ③ 다이이치산쿄(4568) 일봉 차트

Chapter 01 · [카부키류] 모든 것에 통하는 투자 기술 **35**

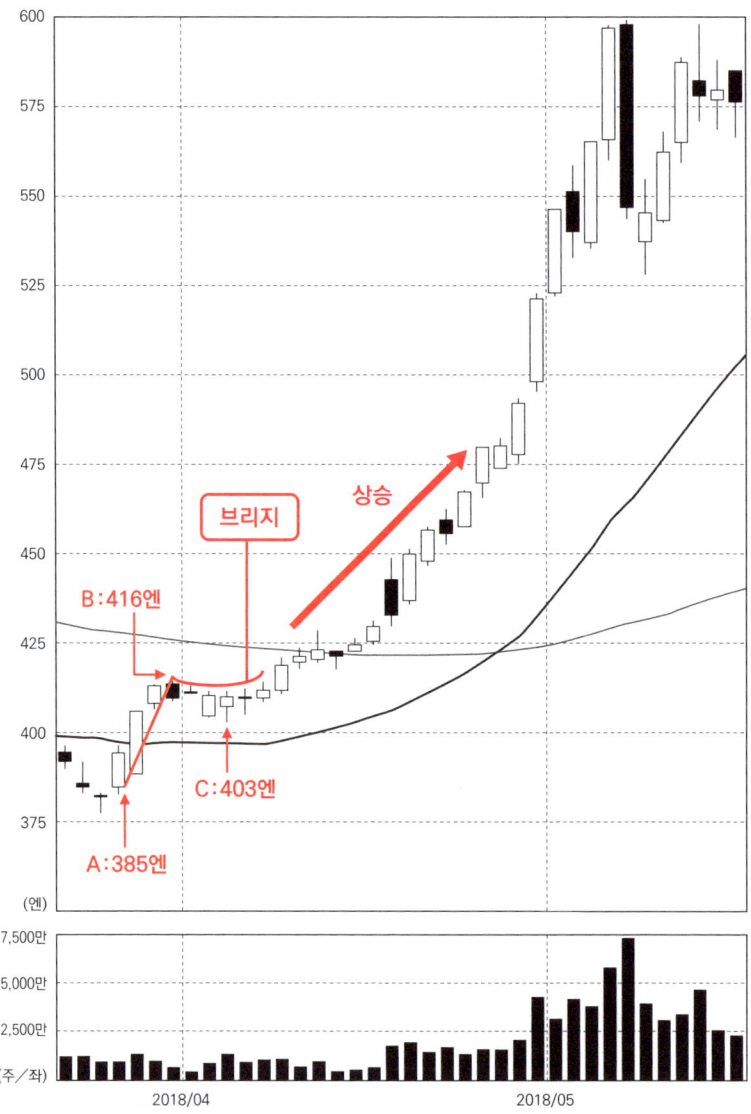

자료 1-8 'BC브리지' 사례 ④ 도쿄전력HD(9501) 일봉 차트

자료 1-9 'BC브리지' 사례 ⑤ 도레이(3402) 일봉 차트

Chapter 01 · [카부키류] 모든 것에 통하는 투자 기술 **37**

N의 응용
'NIN'

'N'의 응용형으로 기억해야 할 것이 바로 **'NIN(NinN)'** 패턴입니다. 매우 드물게 커다란 N 안에 '작은 N'이 생기는 경우가 있습니다. N 형태가 만들어지는 도중에 또 하나의 작은 하락과 상승이 끼어든 형태입니다. 이때 작은 N의 고점을 B′점, 저점을 C′점이라고 하며, B′점은 B점의 위치보다 낮고 C′점은 C점의 위치보다 높아야 하는 것이 조건입니다. 이 **'NIN'이 나타났다면 매우 좋은 기회입니다. B점 돌파보다 빨리 매매할 수 있어 LC 가능성이 작아집니다. 즉, 매매 타이밍이 더욱 정확해집니다.**

'NIN'은 'BC브리지'와 마찬가지로 B와 C의 폭이 30% 이내가 아니어도 상관없습니다. 'B′C′90' 정도로 깊어도 무방하며, C′점이 C점보다 낮지만 않으면 'NIN'이 성립된 것으로 간주합니다. 단 이때

C′점의 저가(캔들의 아랫꼬리 부분)가 C점을 하회해서는 안 됩니다. 'NIN'은 강력한 패턴입니다. 이 패턴이 출현하면 '거래량'을 무시하고 매매해도 좋습니다.

SP는 B′점의 가격을 돌파하는 시점이 가장 이상적입니다.

또한 카부키류에서는 전날 힙다운일 경우 매매를 금지하고 있지만, 'NIN' 패턴을 노리는 경우에만 전일 시가가 종가보다 낮은 힙다운일 시 매매해도 괜찮습니다. **반면 B′점을 형성한 후 B점의 가격을 돌파하지 못하고 C점을 하향 돌파하는 경우에는 매우 강력한 매도 신호**(매수가 아닌 매도를 해야 하는 타이밍)로 간주합니다. 이는 바닥권에서 나타나더라도 동일하게 매도 신호로 해석됩니다.

참고로 'NIN'은 A점이 음봉의 종가여도 상관없습니다.

그럼 실제 사례를 살펴봅시다.

<자료 1-10>의 소세이그룹(4565) 일봉 차트에는 2016년 4월 6일의 시가 3,465엔이 A점, 4월 11일의 고가 5,625.5엔이 B점, 4월 13일의 저가 4,727.5엔이 C점을 형성하는 N자 안에 작은 N이 나타났습니다. C점이 형성된 4월 13일의 시가 4,777.5엔이 A′점, 4월 14일의 고가 5,072.5엔이 B′점, 4월 15일의 저가 4,870엔이 C′점을 이루는 이 A′ B′ C′ 말입니다. 매우 아름다운 NIN 패턴입니다. <자료 1-11>의 도시바(6502) 일봉 차트도 참고해주시기 바랍니다.

주가가 상승 후 조정을 거쳐 C점을 형성하면 B점 돌파와 함께 "NIN이 나타나지 않을까?"라는 관점으로 차트를 보는 안목이 중요합니다. 의외로 나타날 듯하면서도 잘 나타나지 않는 좋은 패턴이므로 놓치지 않도록 주의하시기 바랍니다. <자료 1-12> 패스트리테일링(9983)과 <자료 1-13>의 시스테나(2317)의 일봉 차트에 출현한 NIN 패턴도 수록했습니다.

B점은 누구나 찾을 수 있지만 B´점은 찾아내기가 다소 어렵습니다. 이 찾기 어려운 지점을 SP로 삼는 것이 좋습니다. 남들보다 한 발 앞서기는 어려워도 하다못해 반 발짝이라도 먼저 매매하는 것이 중요합니다.

자료 1-10 'NIN' 사례 ① 소세이 그룹(4565) 일봉 차트

Chapter 01 · [카부키류] 모든 것에 통하는 투자 기술

자료 1-11 'NIN' 사례 ② 도시바(6502) 일봉 차트

자료 1-12 'NIN' 사례 ③ 패스트리테일링(9983) 일봉 차트

Chapter 01 · [카부키류] 모든 것에 통하는 투자 기술 **43**

자료 1-13 'NIN' 사례 ④ 시스테나(2317) 일봉 차트

수렴하는 형태 'T'

'눌림을 피할 것' 다음으로 기억해야 할 개념이 바로 **'수렴'**입니다. **수렴이란 캔들의 고가와 저가의 폭이 전날보다 작아지는 것**을 의미합니다. 주가가 크게 움직이기 전에는 에너지를 축적하는 것처럼 가격 폭이 점차 좁아집니다.

이 **수렴 형태의 필승 패턴이 바로 'T'**입니다. T는 트라이앵글, 즉 삼각형의 약자로 정확히는 '상승 삼각 깃발형'이라고 합니다. 전날보다 고가와 저가의 가격 폭이 점차 작아지면서 일봉이 삼각형 모양을 이룹니다.

'상승 삼각 깃발형'은 고가는 하락하고 저가는 상승하는 삼각형 패턴입니다. 그중에서도 **가장 이상적인 형태는 '페넌트형'**입니다. 고가는 플랫(같은 값)을 유지하면서 저가만 꾸준히 상승해서 마치 기념품 가게에서 파는 '페넌트' 같은 모양을 이루는 패턴입니다.

 이 패턴이 **3일 연속 나타나는 '3일 T'**는 이후 급등할 가능성이 큽니다. 특히 '슈퍼 A클래스'나 'A클래스' 같은 대형주에서 나타나면 무조건 매수하시기 바랍니다. '신고가권(최근 2~3년 중 가장 높은 위치)'에서는 주의가 필요하지만, **중단 아래**(과거 직전 고점 아래)**에서 출현할 경우에는 확실한 매수 신호입니다. 매수 타이밍은 YHO**(전일 고가를 돌파한 시점)**로 잡으면 됩니다.**

 다만 3일 T는 출현 빈도가 낮기 때문에 **2일 연속으로 나타나는 '2일 T'도 매수 대상**으로 고려할 수 있습니다. 또한 일봉뿐만 아니라 주봉에서 나타나면 더욱 긍정적인 신호로 해석할 수 있습니다. 단 **2일 T와 3일 T 패턴 중에 장대음봉이 포함되어 있다면 매수를 피하는 것이 좋습니다.**

 청산 타이밍은 역시 일봉에서 '힙다운'한 시점입니다. 또한 매수 후 예상만큼 오르지 않고 하락할 경우에 대비해 '여기까지 하락하면 청산한다'라는 LC 포인트도 미리 설정해둡시다.

 'T'의 경우, 매수 가격보다 0.6% 정도 하락한 시점에 청산하는 것이 좋습니다. 이 LC는 큰 손실을 방지하는 중요한 포인트입니다.

참고로 이 **'T' 형태의 반대, 즉 피해야 할 전형적인 패턴이 바로 '나팔형'**입니다. 나팔처럼 고가와 저가의 차이가 벌어지고 방향성이 모호한 패턴은 시장의 에너지가 매수와 매도 양쪽으로 분산되어 바람직하지 않습니다.

이 **'수렴'과 '수렴하는' 감각은 철저하게 익히는 것이 좋습니다.** '눌림을 피할 것'과 '수렴', 이 2가지 개념을 카부키류에서는 '눌림과 좁힘'이라고 해서 매우 중요하게 생각합니다.

그럼 실제 사례를 살펴봅시다.

<자료 1-14> 리소나HD(8308) 일봉 차트 2013년 3월 5~7일에는 깔끔한 3일 T가 출현했습니다. 상단이 평평한 페넌트형이 아니라 아래로 기울어진 형태지만, 슈퍼 A클래스나 A클래스에서 이런 캔들이 나타나는 것은 매우 드문 경우입니다. 이 캔들은 이후 급상승했습니다.

<자료 1-15>의 도시바(6502)의 2016년 3월 24~28일 차트에서도 3일 T를 확인할 수 있습니다. 이것도 상단이 평평하지 않고 아래로 기울어진 T이지만 매우 좋은 형태입니다. 다만 이 캔들에는 함정이 있습니다. 다음 날인 3월 29일을 살펴보면 전일 저가를 깨고 힙다운했기 때문에 매수해서는 안 되는 패턴입니다. 공략은 보류해야 합니다.

이처럼 **3일 T가 발생했더라도 다음 날 힙다운하면 매수 신호는 무효화**됩니다. 이 점을 꼭 기억하시기 바랍니다. 또한 **신고가권에서 형성된 T에는 속임수(SP가 돌파점이 아닌 경우)도 많으므로** 주의해야 합니다.

덧붙여 3일 T 차트의 예시로 <자료 1-16> 르네사스 일렉트로닉스(6723) 일봉 차트와 <자료 1-18> 트렌드 마이크로(4704) 일봉 차트를 실었습니다.

두 종목 모두 이후 주가가 크게 상승했음을 알 수 있을 것입니다.

수렴이라는 감각을 꼭 익히시기를 바랍니다.

자료 1-14 'T' 사례 ① 리소나HD(8308) 일봉 차트

Chapter 01 · [카부키류] 모든 것에 통하는 투자 기술 **49**

자료 1-15 'T' 사례 ② 도시바(6502) 일봉 차트

자료 1-16 'T' 사례 ③ 르네사스 일렉트로닉스(6723) 일봉 차트

Chapter 01 · [카부키류] 모든 것에 통하는 투자 기술

자료 1-17 'T' 사례 ④ 캐논(7751) 일봉 차트

자료 1-18 'T' 사례 ⑤ 트렌드 마이크로(4704) 일봉 차트

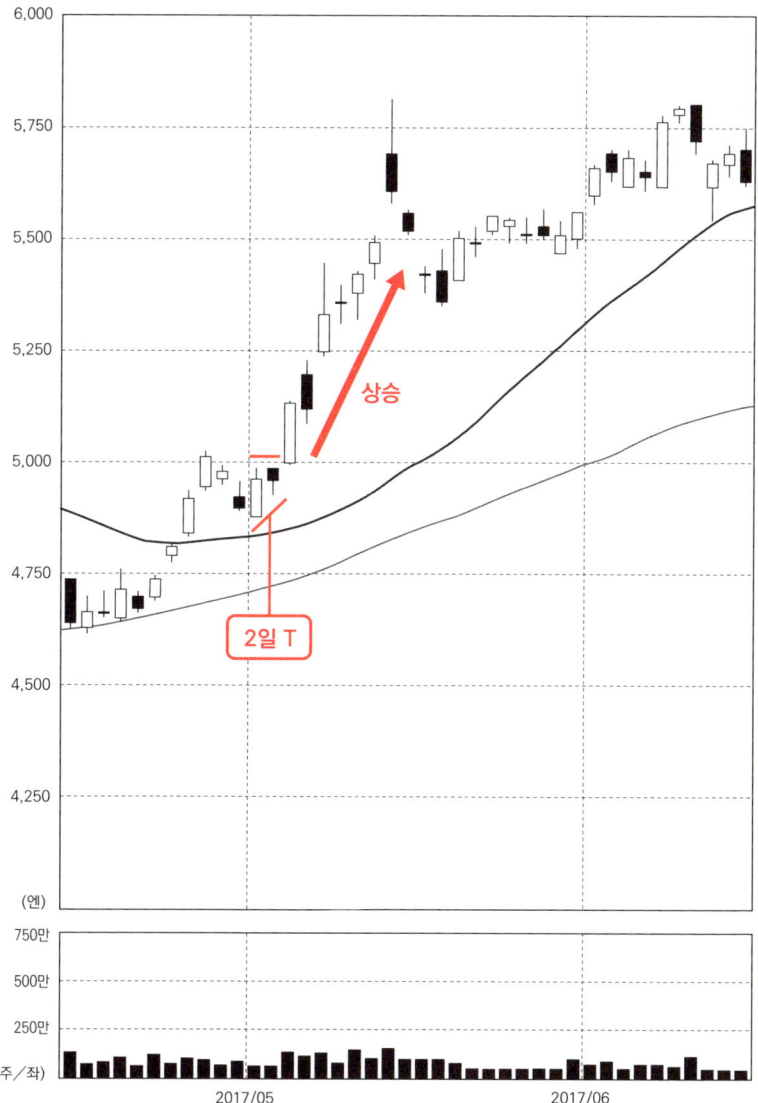

저가권에서 나타나는 'S'

반드시 기억해야 할 다섯 번째 필승 차트 패턴은 '소서(saucer, 접시)'입니다. 카부키류에서는 머리글자를 따서 'S'라고 부릅니다. 바닥이 얕은 접시와 유사한 모양에서 유래된 이름인데, 완만하게 하락했다가 완만하게 상승하며 곡선을 그리는 패턴은 '브리지'와 매우 흡사합니다. 그렇다면 **'브리지'와 '소서'의 차이는 무엇일까요?**

둘을 구분하는 포인트는 2가지입니다. 첫째, '브리지'는 눌림이 얕고 '소서'는 눌림이 깊습니다. 둘째, '브리지'는 고가권(비교적 높은 위치)에서 나타나고 '소서'는 진바닥권(최근 2~3년간 가장 낮은 위치)에서 나타납니다. **'소서'는 상승 추세에서는 거의 나타나지 않고, 주로 시장의 상황이 좋지 않을 때 나타나는 패턴**입니다. 이 패턴을 형성하는 데 가장 적합한 기간은 '브리지'와 마찬가지로 일봉 기준 3일이면 충분합니다.

한동안 바닥권에서 정체되어 있던 인기 종목에 이 패턴이 나타나면 기회입니다. 주가 상승 조짐으로 볼 수 있습니다. 이는 일봉뿐만 아니라 주봉과 월봉에서도 마찬가지입니다. 특히 월봉 진바닥권에서 '소서'가 나타나면 절호의 기회입니다. **초기에 공략하면 상당한 수익을 얻을 수 있습니다.**

주봉과 월봉에서는 'W소서', '트리플소서'처럼 패턴이 연속으로 출현하는 경우도 많습니다. **참고로 소서가 출현하는 경우, 특별한 에너지를 필요로 하지 않기 때문에 일반적으로 거래량이 없는** 것이 특징입니다. '소서'는 속임수도 많지만, 바닥권에서 반등을 노리는 패턴이므로 공격적인 매매가 부담스러운 사람도 시도해볼 만한 기법입니다.

그럼 실제 사례를 살펴볼까요. <자료 1-19>의 하세코 코퍼레이션(1808) 월봉 차트는 매우 흥미로운 형태입니다. 2011년 9월부터 2012년 1월경까지, 그리고 2012년 7월부터 11월경까지 두 차례에 걸쳐 소서가 출현했습니다. 이러한 월봉의 'W소서'는 매우 강력한 패턴입니다.

다음으로 <자료 1-20>의 도쿄도 경마(9672) 월봉을 살펴봅시다. 2010년 5월부터 2011년 1월까지, 2011년 2월부터 9월까지, 2012년 9월부터 2012년 2월까지, 2012년 4월부터 11월까지, 무려 4차례나 소서가 출현했습니다. 이는 에너지를 모으고 축적하는 과정으로 해석할 수 있으며, 이후 2012년 12월에 크게 상승하면서 상승 추세로 전환되었습니다.

<자료 1-21>의 NEC(6701) 월봉, <자료 1-22>의 도쿄전력HD(9501) 일봉에서도 소서가 출현한 후 주가가 상승했습니다.

이처럼 **바닥권에서 소서가 확인되면 전일 캔들이 힙업이고 당일 시가가 갭 상승 출발할 것을 전제로 YHO 매매를 시작하는 것이 좋습니다.**

자료 1-19 'S' 사례 ① 하세코 코퍼레이션(1808) 월봉 차트

Chapter 01 · [카부키류] 모든 것에 통하는 투자 기술 57

자료 1-20 'S' 사례 ② 도쿄도 경마(9672) 월봉 차트

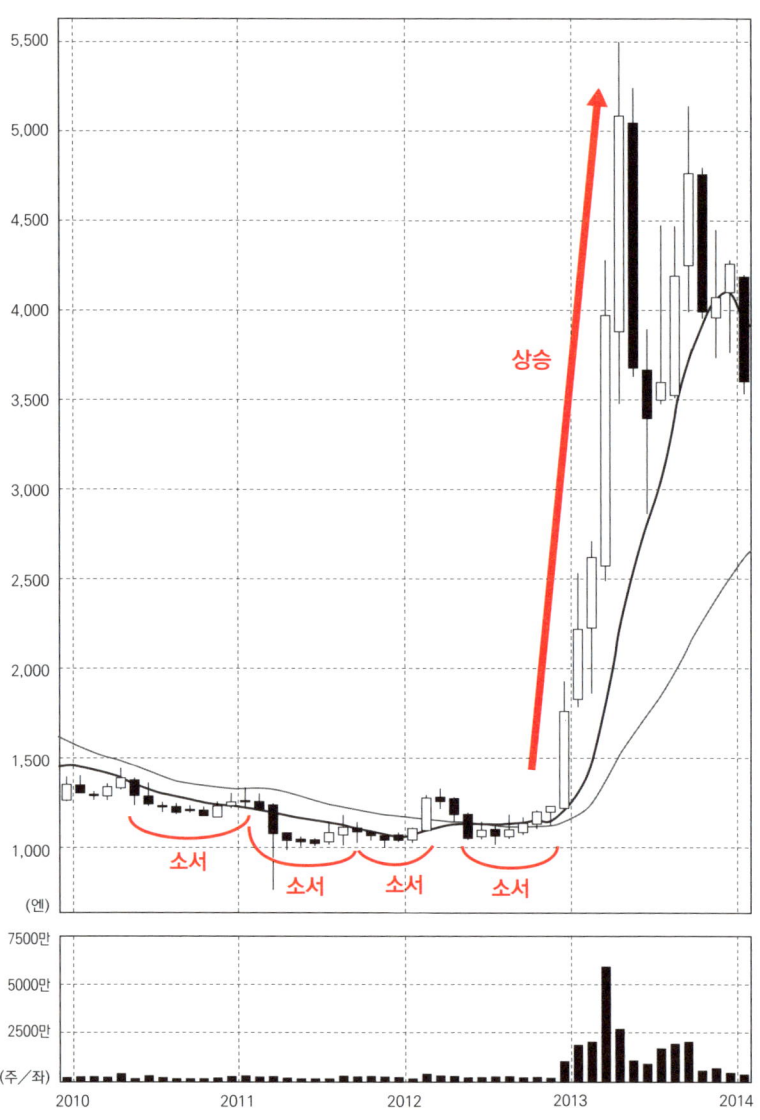

자료 1-21 'S' 사례 ③ NEC(6701) 월봉 차트

자료 1-22 'S'의 ④ 도쿄전력HD(9501) 일봉 차트

급상승이 따르는
'동치일문'

다음으로 기억해야 할 것은 **'동치일문(同値一文)의 법칙'***입니다. 투자 시 강력한 무기가 될 수 있는 기법이므로 꼭 익혀두는 것이 좋습니다.

일봉 차트에서 장세가 매우 강할 때 자주 나타나는 특징적인 캔들이 있습니다. 전일 캔들보다 높은 위치에 갭을 두고 형성된 긴 직사각형 양봉입니다. 이는 전일 고가를 크게 상회하는 가격으로 출발해 온종일 시초가 밑으로 내려가지 않고 상승세를 유지하다가 높은 가격으로 마감했음을 의미합니다. 즉, 주가가 하루 만에 급상승했다는 뜻

---

* 동치일문(同値一文) : 동치는 같은 가격을, 일문(一文)은 1호가를 의미한다. 동치일문의 법칙이란, 전일 고가를 크게 상회하며 갭 상승 출발해서 긴 양봉을 형성할 경우, 양봉에 아랫꼬리가 없거나 매우 짧으면, 즉 시가 수준을 유지하거나 시가 근처에서 1호가 이상 하락하지 않으면 급상승의 신호라는 법칙이다. - 역자 주

입니다. 이 긴 양봉을 보면 '상승 초기에 매수했다면 하루 만에 큰 수익을 올릴 수 있었을 텐데…'라는 생각이 들지 않으십니까?

이 급상승의 기회를 놓치지 않고 잘 포착해서 수익을 실현하는 방법이 바로 '동치일문의 법칙'입니다. 이처럼 매우 강한 장세에서는 아랫꼬리가 없거나, 있더라도 1호가 아래(세 자릿수 종목일 경우 1엔) 정도의 패턴이 자주 나타납니다.

전일 고가를 크게 웃도는 가격으로 출발할 것 같으면, 즉 **'갭 상승 출발'할 것 같은 움직임이 보이면 주저 없이 매수**해야 합니다. 상승세가 지속되면 보유를 유지하다가 일봉 기준으로 전일 저가를 하회하는 시점에 청산합니다.

단, **도중에 2호가**(세 자릿수 종목일 경우 2엔) **이상 하락하면 큰 상승을 기대하기 어려우므로 즉시 LC해야 합니다.** 매매 시작과 동시에 시가의 2호가 아래에 역지정가를 설정해두면 편리합니다. 이 '동치일문'을 마스터하면 어떤 상황에서도 과감하게 투자할 수 있습니다. 참고로 이 패턴에서 **윗꼬리의 유무는 중요하지 않습니다.**

그럼 이제 실제 사례를 살펴봅시다. 주목할 만한 차트는 <자료 1-23> 테켄건설(1815) 일봉 차트의 2014년 7월 17일 차트입니다. 이 날은 전일 고가 327엔보다 5엔 높은 332엔에 갭 상승으로 출발했습니다. 결과적으로 이 시가가 당일 저가를 기록하며 1엔의 하락도 없이 상한가까지 상승하며 마감했습니다. 이러한 갭 상승 후 상한가 패턴은 약세장에서 강세장으로 전환되는 시점에 간혹 출현합니다.

<자료 1-24>의 리소나HD(8308) 일봉 차트에서 2013년 3월 8일의 시가는 456엔입니다. 다음 날 더욱 급등하며 본격적인 상승 추세에 돌입했습니다. 실은 'T'를 설명할 때도 이 차트를 사례로 사용했는데, 이전 상황을 살펴보면 3월 5일부터 '3일 T'가 나타난 것을 확인할 수 있습니다. 즉, 이것은 '동치일문'과 '3일 T'가 동시에 나타난 복합적인 패턴의 사례입니다.

이처럼 '수렴' 후 나타나는 갭 상승은 매우 강력한 신호이므로 절대 놓쳐서는 안 됩니다. 세 자릿수 종목에서 1호가는 1엔이지만 고가주(네 자릿수 이상)의 경우에는 하위 숫자를 제외하고 상위 세 자리만 계산 기준으로 삼으며, LC 폭은 0.6%로 설정합니다.

구체적인 사례로, 다소 주의가 필요한 케이스지만, <자료 1-25>의 미쓰이스미토모FG(8316)의 2016년 8월 31일의 일봉 차트를 살펴봅시다. 박스권에서 벗어나 갭 상승한 이상적인 사례입니다. 시가는 3,524엔이지만 네 자릿수의 고가주이므로 LC 폭은 0.6% 이하로 설정합니다. 0.6%의 동치일문으로 대응했다면 수익을 확보할 수 있었던 케이스입니다. 이처럼 슈퍼 A클래스 종목이 단기간에 10%나 상승하는 것은 드문 경우입니다. 이러한 기회를 잘 포착하면 상당한 수익을 확보할 수 있을 것입니다.

다음으로 <자료 1-26>의 소프트뱅크 그룹(9984) 2019년 2월 7일 차트도 살펴봅시다. 시가 9,300엔, 저가 9,260엔을 기록했는데, 고가 주이므로 0.6% 하락을 적용하면 9,244엔이 되기 때문에 LC가 발생하지 않은 케이스입니다.

소프트뱅크는 시가총액 2위인 만큼 이 클래스에서 이렇게 강력한 캔들이 출현했다면 매수 기회를 놓쳐서는 안 됩니다. 거래량 또한 매우 크게 증가했습니다.

물론 LC 후에 다시 상승하는 아까운 케이스도 생길 수 있지만, 어쩔 수 없다고 생각하고 냉정하게 대응해야 합니다. **동치일문 전략으로 대응하면 몇 차례 LC를 겪더라도 반드시 큰 수익을 실현할 수 있는 기회가 찾아올 것입니다. 그때까지 차트에 충실하게 대응하도록 합시다.**

작은 LC로 큰 리턴을 노리는 것입니다.

자료 1-23 '동치일문' 사례 ① 테켄건설(1815) 일봉 차트

자료 1-24 '동치일문' 사례 ② 리소나HD(8308) 일봉 차트

자료 1-25 '동치일문' 사례 ③ 미쓰이스미토모FG(8316) 일봉 차트

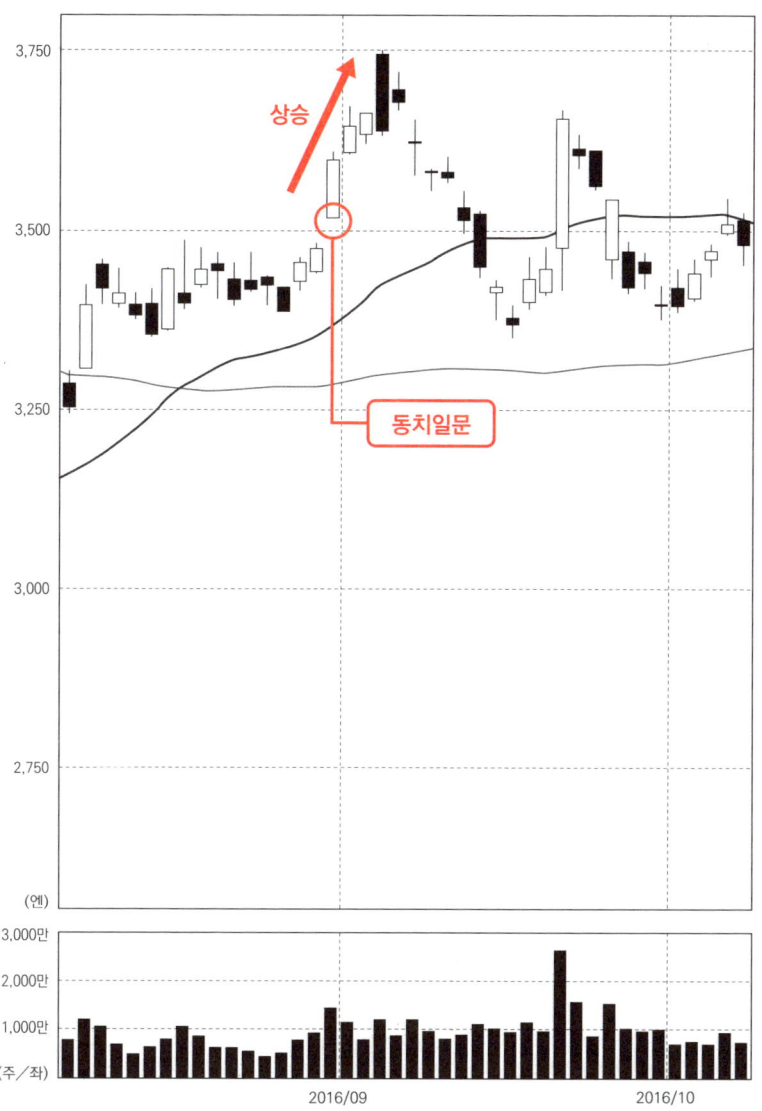

자료 1-26 '동치일문' 사례 ④ 소프트뱅크 그룹(9984) 일봉 차트

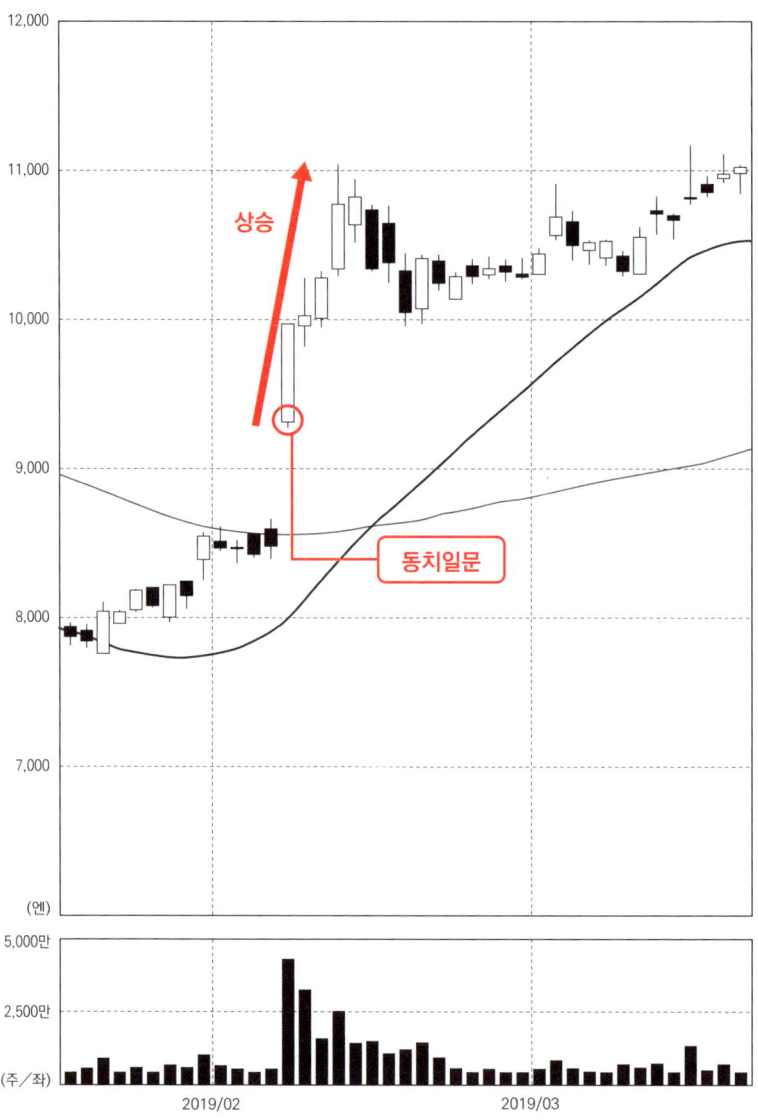

68 카부키류 기술적 분석을 활용하면 주식 투자가 보인다

Chapter 02
카부키류 고가권 투자 기술

카부키류에서는 신속한 손절매로 손실을 최소화하는 동시에 '고가권 투자 시 어떻게 수익을 확보할 것이냐'가 중요한 포인트입니다. 이제부터 고가권 투자 기술을 전수해드리겠습니다.

투자 기술 정리 ②

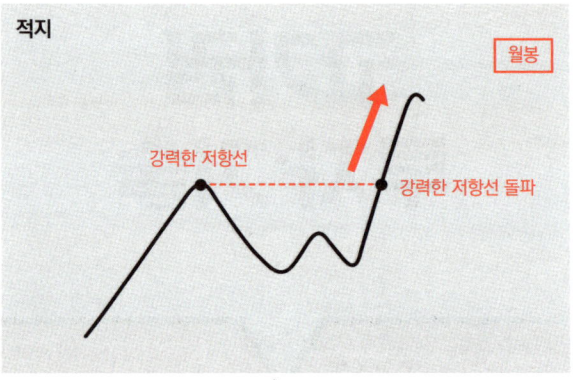

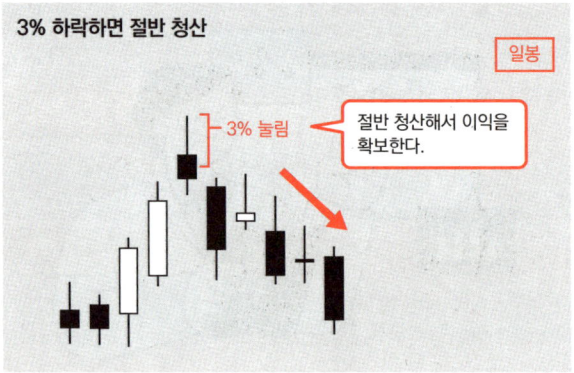

절대 놓쳐서는 안 되는
'적지'

주식 차트에는 **'저항선'**과 **'지지선'**이라는 개념이 있습니다.

주식을 조금이라도 접해본 분이라면 아시겠지만, **'저항선'은 주봉이나 월봉 등 중장기적 관점에서 봤을 때 주가가 좀처럼 넘지 못하는 높은 가격대를, '지지선'은 그 이하로는 좀처럼 내려가지 않는 낮은 가격대**를 의미합니다. 이는 단순한 최근의 최고가나 최저가가 아닌, 수차례 도달하고도 좀처럼 넘지 못하는 '보이지 않는 벽'과 같은 존재입니다.

이 '저항선'과 '지지선' 중에서도 가장 중요한 포인트가 바로 '강력한 지지·저항선'입니다. 대지진과 같은 큰 사건이 발생할 때 고가, 저가 등에서 자주 나타나며, 이 '강력한 지지·저항선'을 돌파하는 순간이 매우 중요한 전환점이 됩니다.

카부키류에서 말하는 '적지(赤紙)'는 이 '강력한 지지·저항선'과 관련된 개념입니다. 특히 최상위 대형주인 '슈퍼 A클래스'의 '강력한 저항선' 돌파는 매우 중요합니다. 향후 급격한 상승이 예상되기 때문입니다. 이 강력한 저항선을 돌파할 듯한 순간이 바로 '적지'입니다. '적지'란 전시 중의 징집 영장을 뜻하는 말로, 거부할 수 없는 명령을 의미합니다.

이 강력한 저항선 돌파가 나타나면 아무것도 따지지 말고 기계적으로 매수하세요. 거래량이 부족하거나 시장 참여도가 낮더라도 반드시 매수해야 합니다.

적지 또한 동치일문과 마찬가지로 1호가 이상 하락하면 LC하고, 고가주의 경우에는 기준을 0.6%로 설정합니다. 즉 강력한 저항선을 돌파했을 때는 기본적으로 돌파한 저항선까지 주가가 하락해서는 안 됩니다. **물론 '속임수'도 있지만, 작은 LC를 두려워하지 말고 과감하게 공략해야 합니다.** '의욕이 없더라도 이것만은 사야 한다', 혹은 '살 수밖에 없다'라는 감각을 가지는 것도 중요합니다.

실제 사례를 살펴봅시다. <자료 2-1>의 미즈호FG(8411) 월봉 차트를 보면 2012년 12월부터 아베노믹스가 시작되었고, 그 후 기록한 최고가는 2013년 5월의 233엔입니다. 이 상단의 저항선을 돌파한 것이 2014년 1월의 240엔입니다. 보통 이 돌파 시점에 전력으로 매매를 시도하겠지만 이것은 속임수입니다.

이처럼 **한번 돌파한 저항선은 그 이후에는 의미를 잃게 됩니다.** 이 경우에는 2014년 1월의 240엔이 새로운 저항선이 되었으며, 이 240엔을 돌파한 것은 1년 4개월 후인 2015년 5월이었습니다. **지지·저항선은 명확한 정의가 없으므로 대충 살펴봤을 때 제일 눈에 띄는 지점 정도로 생각하면 됩니다.**

이제 여러분께 문제를 하나 내보겠습니다.

<자료 2-2> 도레이(3402) 차트에서 2014년 10월 시점의 **'강력한 저항선'은 어디일까요?** 월봉 차트를 살펴보세요.

답은 2013년 5월 고가인 786엔입니다. 이 강력한 저항선을 돌파한 것은 1년 반 후인 2014년 11월 11일이었습니다. 이 시점이 바로 매매를 시도해야 할 '적지'입니다. 이 강력한 저항선을 돌파함과 동시에 급등하는 것을 확인할 수 있습니다.

다음으로 <자료 2-3> 소프트뱅크 그룹(9984)의 월봉 차트를 살펴보겠습니다. 여기서는 2017년 10월의 10,550엔이 강력한 저항선입니다. 이 저항선을 돌파해서 상승하는 것은 2018년 9월(8월은 속임수). 이 또한 반드시 매매를 시도해야 하는 적지입니다.

이처럼 '적지' 타이밍을 놓치지 않고 매매하려면 평소에도 '지지·저항선'과 '강력한 지지·저항선'을 주의 깊게 관찰하는 습관을 갖는 것이 좋습니다.

자료 2-1 '적지' 사례 ① 미즈호FG(8411) 월봉 차트

74 카부키류 기술적 분석을 활용하면 주식 투자가 보인다

자료 2-2 '적지' 사례 ② 도레이(3402) 월봉 차트

자료 2-3 '적지' 사례 ③ 소프트뱅크 그룹(9984) 월봉 차트

확실하게 이익을 얻는
'3% 하락 시 절반 매도'

'3% 하락 시 절반 매도'는 단순한 기술이 아닙니다. 모든 매매에서 실행해야 하는 **매도의 기본이자 매우 중요한 개념**입니다.

예를 들어, 보유 종목이 높은 거래량을 기록한 후 하락세로 전환될 조짐을 보일 때 그 조짐을 신속히 감지하고 대응해야 하는데, 이때 기준이 되는 것이 바로 '3%'라는 수치입니다.

구체적으로는 **수익이 10% 이상 발생한 경우 고점에서 3% 이상 하락하면 보유 주식의 절반을 청산**하는 것입니다.

예를 들어, 800엔에서 3%는 24엔을 뺀 776엔이지만, 주가는 한번 하락하면 순식간에 떨어질 수 있습니다. 이러한 하락에 휘말리지 않고 급격한 하락에 대비해서 신속한 청산 태세를 갖춰야 합니다.

상승하던 차트가 하락세로 전환되어 직전 고점에서 3% 이상 하락하면 절반을 정리(매도)합시다. 그 후 주가가 다시 상승세로 돌아서면 청산했던 만큼 다시 매수하면 됩니다. 이런 방식을 반복하면 대세 상승장의 기회를 놓치지 않을 수 있습니다.

전량 매도(모든 주식을 매도) **타이밍은 일봉 차트에서 힙다운한 시점**입니다.

최근 사례로는 <자료 2-4>의 도카이카본(5301) 일봉 차트 2019년 2월 26일을 들 수 있습니다. 고가 1,639엔에서 3% 하락하면 약 1,589엔인데, 이 선이 무너진 후 일시적으로 반등했다가 이후 하락세가 이어졌습니다. 이때 1,589엔 시점에서 절반을 매도했다면 확실하게 이익을 확보할 수 있었을 것입니다.

<자료 2-5>의 닌텐도(7974) 2016년 일봉 차트도 좋은 예시입니다. 7월 6일을 A점으로 형성된 'BC30' 패턴을 보면, 7월 14일 B점 돌파 시 매수한 경우, 7월 19일 고점 대비 3% 하락한 시점에 절반을 매도했다면 상당한 이익을 확보할 수 있었습니다.

3% 하락한 시점에 절반을 매도하면 절반은 남아 있기 때문에 손실 위험도 없고, 어떻게 할지 재차 검토해서 상승 시 다시 과감하게 매수하면 됩니다. 그런 의미에서 이것은 사실 과감한 매매 기법입니다. 다만 이론적으로는 이해하고 있더라도 실제로 실행하기는 쉽지 않은

것이 인간의 심리입니다.

여기서 또 하나, 인간 심리와 관련된 중요한 원칙을 알려드리겠습니다.
그것은 **'매도한 가격보다 낮은 가격에 매수해서는 안 된다'**라는 것입니다. 어떤 종목을 3% 하락 시점에 매도한 후, 그 가격보다 더 낮은 가격에 다시 매수해서는 안 된다는 의미입니다.

예를 들어, 300엔에 산 주식을 360엔에 전량 매도한 직후, 그 주식이 하락해서 340엔이 되었다고 가정해봅시다. '높은 가격에 팔았다'라는 생각에 왠지 20엔 이득 본 기분이 들어서 다시 그 주식을 사고 싶어지는 것이 인간 심리입니다. 하지만 실제로 이 시점은 매수 타이밍이 아니므로 당연히 매수해서는 안 됩니다.

사람의 마음은 꽤 재미있는 부분이 있어 사고 싶은 사람은 결국 언젠가는 사게 됩니다. 좋은 기회를 놓쳤거나 우려되는 부분이 있어 매수를 망설였던 주식이 계속 상승하면 결국 사고 싶은 마음을 이기지 못합니다. 그러다 고가 구간에서 매수하면 결국 실패라는 뻔한 결과를 맞이하게 됩니다.

주식이란, 사람들이 가장 사고 싶어 하는 곳이 천장이 되는 경우가 많습니다.

타고난 소심함이나 눈앞의 욕심에 휘둘리는 성격은 쉽게 바꿀 수 없습니다. 이런 성격은 매매할 때 종종 단점이나 약점이 됩니다. 어쩔 수 없는 일이죠. 하지만 성격은 바꿀 수 없어도 생각은 바꿀 수 있습니다. **주식 투자에 성공하고 싶다면 사고방식을 바꿔나갈 수밖에 없습니다.** 카부키류의 비법을 확실하게 체득해서 과감한 사고방식으로 바꿔나갑시다.

마지막으로 수익률을 한 단계 높이는 비결을 알려드리겠습니다.

기본적으로는 힙다운 시점에 매도하는 것이 원칙이지만, 작은 폭으로 오르내리며 상승하는 차트의 경우, 일봉 기준으로 거래하면 잦은 매매로 인해 큰 수익을 내기 어렵습니다.

이런 경우, **수익률이 20~30% 정도에 도달했을 때 발상을 전환해서 주봉 차트로 관점을 바꾸는 것이 효과적**입니다. 주봉 차트 기준으로 힙다운이 발생할 때까지 포지션을 유지하면 더 큰 수익을 실현할 수 있습니다.

꼭 시도해보시기 바랍니다.

자료 2-4 '3% 하락 시 절반 매도' 사례 ① 도카이카본(5301) 일봉 차트

자료 2-5 '3% 하락 시 절반 매도' 사례 ② 닌텐도(7974) 일봉 차트

Chapter 03

카부키류
횡보권
투자 기술

'횡보'란, 주가가 한동안 같은 가격대에 머물러 등락 폭이 작은 기간을 의미합니다. 이 상태일 때는 기본적으로 절대 매매해서는 안 됩니다. 움직임이 적었던 캔들이 위나 아래 어느 한쪽으로 급격히 움직일 때를 노려야 합니다. 이번 장에서는 횡보권 투자 기술을 전수하도록 하겠습니다.

투자 기술 정리 ③

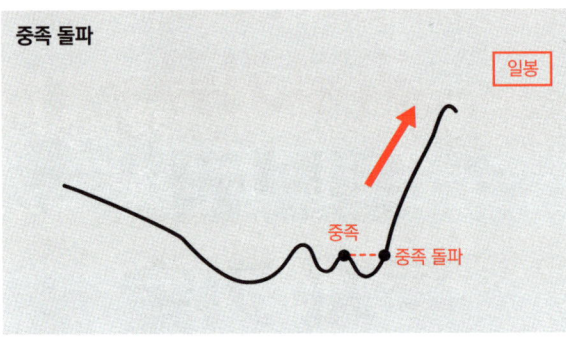

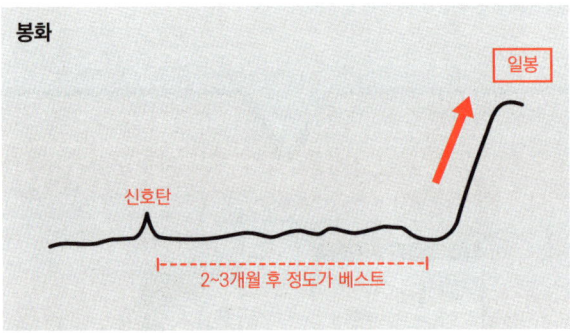

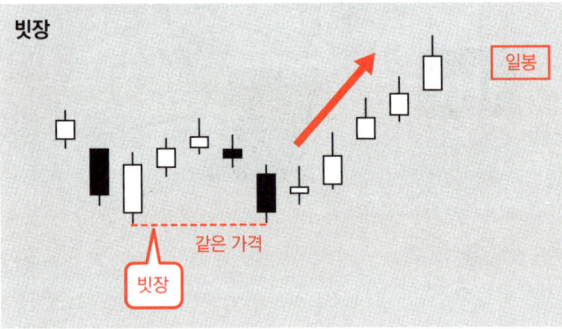

횡보권의 필살기
'중족 돌파'

횡보권의 첫 번째 테마는 **'중족 돌파'**입니다.

'중족'*이란 주가가 상승한 후 하락해서 '반등 고점'을 찍은 후 작은 횡보권이 형성될 때 기록한 고점, 즉 '저항선'을 의미합니다. 이 **중족의 가격을 돌파한 시점이 '중족 돌파'이며, 이때가 바로 매매 진입 포인트입니다.**

구체적으로는 상하 변동 폭이 작고 움직임이 거의 없으며, **하나의 반등 고점만 살짝 보이는 형태가 가장 좋습니다.** 말로 설명하면 이해하기 어려울 수 있지만, 실제 차트를 보면 그렇게 어렵지 않으니 바로

---

* 중족(中足) : 작은 횡보권에서 형성된 저항선이라는 점이 일반 저항선과의 차별점이라고 할 수 있다. - 역자 주

실제 사례를 살펴보겠습니다.

예를 들어, <자료 3-1> 닌텐도(7974) 2016년 일봉 차트를 보면 8월 2일의 고점이 8월 8일 시점에서는 중족이 됩니다. 상승했던 주가가 하락한 후 작은 횡보권을 형성하면서 그 구간에서 나타난 고점입니다. 이 중족(21,520엔)을 돌파한 시점이 8월 9일입니다. 이후 큰 상승은 없었지만, 이는 중족의 교과서적인 형태를 보여줍니다.

이 차트의 이전 구간도 살펴봅시다. 살짝 하락했던 주가가 다시 상승해 9월 20일에는 27,775엔의 반등 고점을 기록했습니다. 이어서 9월 29일에 기록한 27,480엔의 고점 역시 '중족'이 됩니다. 다만 이 경우는 돌파하지 못한 사례입니다.

그럼 '중족 돌파'를 매매에 어떻게 활용하면 좋을까요? 주가가 횡보권에 있을 때 **'강력한 저항선'에서 매매를 시도하면 너무 늦어질 수 있으므로 '약한 저항선'의 '중족 돌파'를 포착해서 매매**하는 방식으로 활용하면 됩니다.

예를 들어, <자료 3-2> IDOM(7599)의 일봉 차트를 보면 2018년 11월 6일(393엔)의 캔들이 바로 중족입니다. 11월 12일에 단 1엔만 중족을 돌파하는 속임수(1호가 돌파 속임수)가 있었지만, 이것만 제외하면 완벽한 중족입니다. 아름다운 형태입니다. 11월 14일 돌파 시점에 매매를 시작했다면 상당한 이익을 확보할 수 있었을 것입니다.

다만 '중족 돌파'는 실전에서 알아보기 어렵습니다. 따라서 이해를 돕기 위해 <자료 3-3> 태양유전(6976) 일봉 차트, <자료 3-4> SUMCO(3436) 일봉 차트, <자료 3-5> 이토추상사(8001) 일봉 차트, <자료 3-6> 스미토모화학(4005) 일봉 차트에 나타난 중족 돌파 사례를 실었으니 확실하게 알아볼 수 있도록 잘 기억하시기 바랍니다.

중족 돌파는 별것 아닌 것처럼 보이지만 실제로는 매우 강력한 필살기입니다. 마스터하면 반드시 도움이 될 것입니다.

자료 3-1 '중족 돌파' 사례 ① 닌텐도(7974) 일봉 차트

자료 3-2 '중족 돌파' 사례 ② IDOM(7599) 일봉 차트

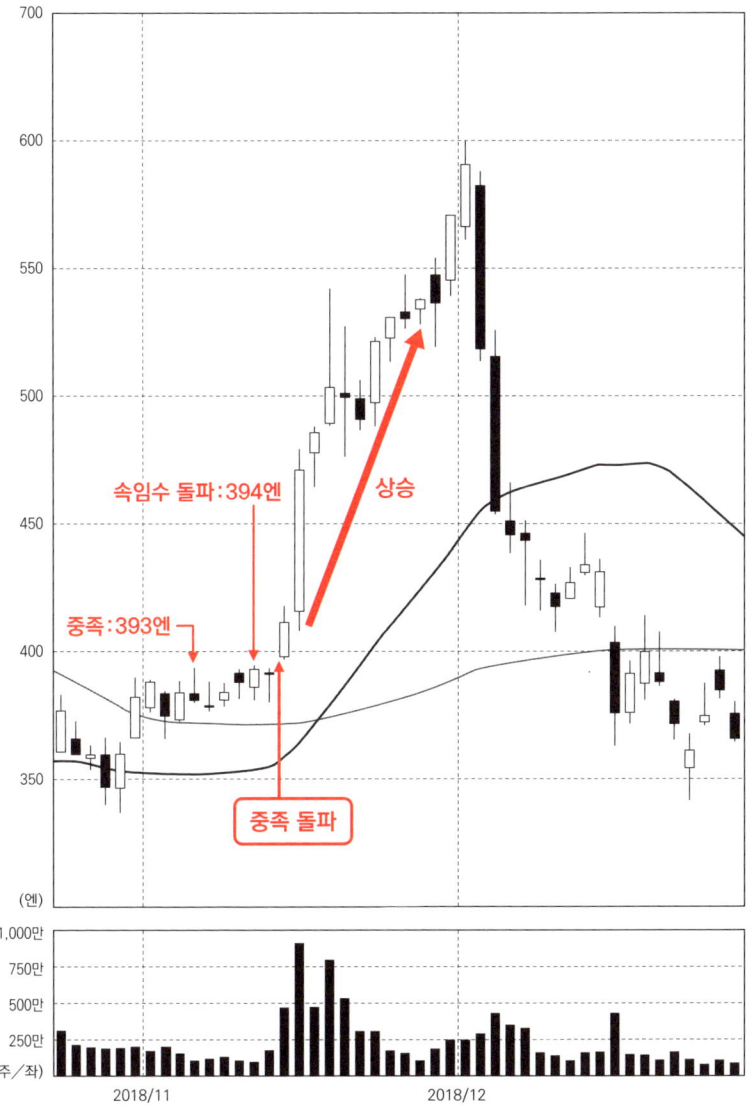

자료 3-3 '중족 돌파' 사례 ③ 태양유전(6976) 일봉 차트

자료 3-4 '중족 돌파' 사례 ④ SUMCO(3436) 일봉 차트

Chapter 03 · [카부키류] 횡보권 투자 기술 91

자료 3-5 '중족 돌파' 사례 ⑤ 이토추상사(8001) 일봉 차트

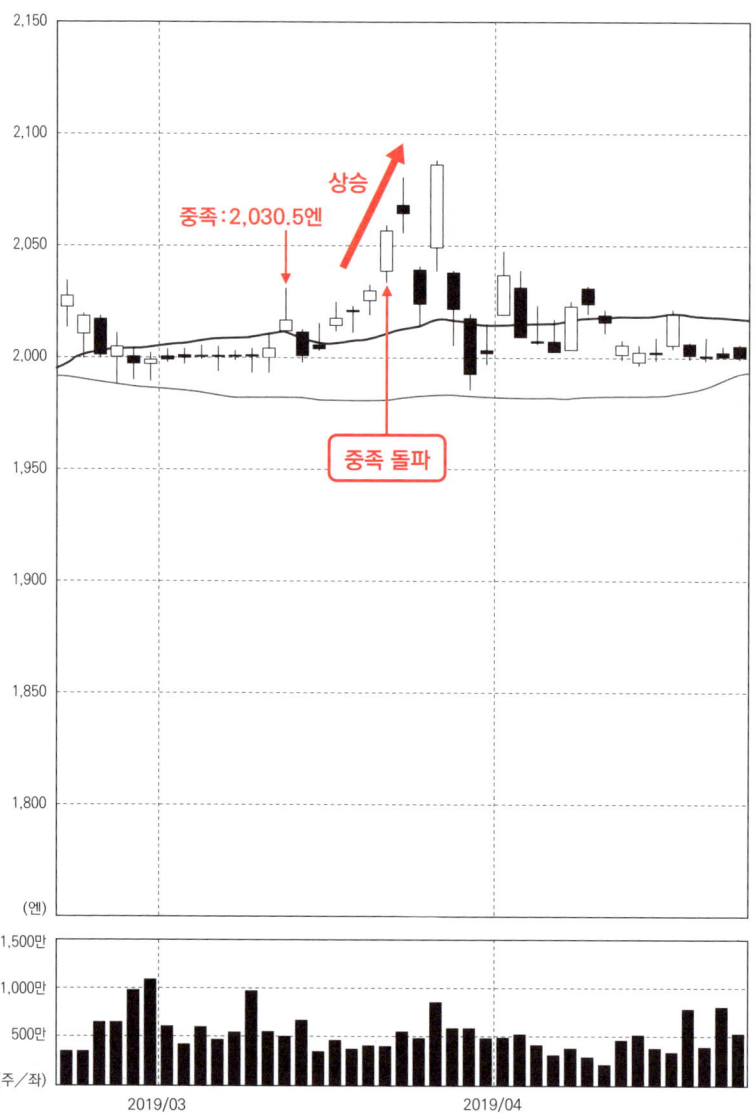

자료 3-6 '중족 돌파' 사례 ⑥ 스미토모 화학(4005) 일봉 차트

Chapter 03 · [카부키류] 횡보권 투자 기술

급상승을 가장 빨리 포착하는
'봉화'

그럼 **횡보장에서 가장 주목해야 할 신호는 무엇일까요**?

바로 짧은 몸통에 긴 윗꼬리가 달린 **'봉화'**입니다. 연기를 피워 멀리 신호를 보내는 '봉화'에서 따온 이름으로, 윗꼬리가 길고 몸통 부분(시가에서 종가까지 상자 모양 부분)이 짧은 것이 조건입니다.

신기하게도 **오랫동안 횡보하던 주가가 움직이기 직전에는 이 봉화가 자주 출현**합니다. 봉화가 출현하는 이유는 호재성 정보를 접한 정보통들이 적절한 타이밍을 잡지 못한 채 서둘러 매수에 나서면서 발생하는 현상으로 보입니다.

이 기법은 지금까지 소개했던 기법들과는 성격이 다릅니다. 직접적인 SP가 있는 것이 아니라, '이런 형태를 발견하면 좋은 징조'라는 일종의 신호이기 때문입니다. 저는 이런 신호를 '알리바이'라고 부릅니다.

횡보 구간에서 봉화가 나타나면 2~3개월 동안 해당 주가를 철저하게 마크하세요. 이후 주가가 횡보 구간을 벗어나 움직이기 시작할 때, 이전에 봉화가 출현했다는 사실이 확신을 제공해 망설임 없이 매매를 시작할 수 있게 됩니다.

봉화는 대바닥권 횡보 상태에서 나타나는 것이 가장 좋은 형태입니다. 봉화가 출현하고 2~3개월쯤 지난 시점에 상승하는 것이 가장 이상적입니다.

봉화는 여러 번 나타날 필요 없이 한 번만 출현해도 충분합니다. 또한 주로 소형주에서 나타나는 경향이 있습니다. 대형주인 A클래스는 리서처들이 연중 내내 주시하고 있어서 정보통들도 매매하기 쉽지 않기 때문입니다.

봉화가 출현할 때 거래량은 특별히 고려할 필요 없습니다.

예시로 <자료 3-7> 온코세러피 사이언스(4564) 일봉 차트를 살펴보겠습니다. 2016년 8월 2일에 봉화가 나타난 것이 보이지만, 윗꼬리가 너무 길어 아름다운 형태라고 보기는 어렵습니다. 봉화는 너무 길거나 눈에 띄는 것보다 자연스러운 형태가 좋습니다.

봉화가 출현한 후 상승까지 걸린 기간이 다소 짧은 점도 아쉽습니다. 앞서 말씀드렸듯이 **봉화가 출현하고 2~3개월 후에 상승하는 것이 가장 이상적인 형태**입니다. 그 이전인 7월 15일에도 봉화와 유사한 형태가 나타났지만, 이것도 양봉의 몸통이 조금 깁니다. 몸통은 좀 더 짧은 편이 좋습니다.

윗꼬리의 길이에 대해 좀 더 구체적으로 말씀드리자면 <자료 3-8> 미쓰비시 화공기(6331) 일봉 차트에서 2014년 2월 13일의 캔들 길이가 가장 이상적이라고 할 수 있습니다. 이 캔들도 정확히 3개월 후인 5월 중순부터 상승했습니다.

<자료 3-9> 호쿠신(7897) 일봉 차트를 살펴봅시다. 2016년 10월 3일에 봉화가 출현하며 긴 횡보 구간을 벗어나 전일 대비 15.5% 상승한 149엔에 시가가 형성되었는데, 비록 동치일문은 아니지만 꽤 포착하기 힘든 훌륭한 매매 포인트였습니다.

이러한 차트의 변화를 포착하기 위해서는 8월 1일의 봉화를 주시하고 철저하게 마크하면서, 장 시작 전 거래량의 증가에 주목해야 합니다. 이런 시그널을 파악하고 공략하는 능력을 키운다면 언젠가 대어를 낚을 수 있을 것입니다.

<자료 3-10> 레나운(3606) 일봉 차트 2017년 1월 19일에도 오랜만에 깔끔한 봉화가 나타났습니다. 이 또한 정확히 3개월 후에 상승하기 시작했습니다. 상승 전까지 힙다운이 이어지며 주가가 하락세를 보였음에도 불구하고, 거래량의 급격한 변화를 감지하고 이 봉화

를 알리바이 삼아 동치일문으로 매매한 제자들도 있었습니다. 이 또한 훌륭한 매매 사례입니다.

마지막으로 봉화 변형 버전을 설명하겠습니다.

<자료 3-11> 신바이오 제약(4582)의 일봉 차트를 보면 2016년 8월 8일과 8월 29일에 특징적인 캔들이 관찰됩니다. 바로 '갭 상승 민머리 캔들'입니다.

민머리 캔들이란, 시가가 고점이면서 종가가 크게 하락한 장대음봉을 말합니다. 갭 상승 출발 후 민머리 장대음봉에 작은 윗꼬리와 아랫꼬리가 형성된 형태가 바로 봉화 변형 버전입니다. **이 형태를 발견하면 봉화와 마찬가지로 2~3개월 동안 해당 주가를 철저히 마크**해야 합니다.

자료 3-7 '봉화' 사례 ① 온코세러피 사이언스(4564) 일봉 차트

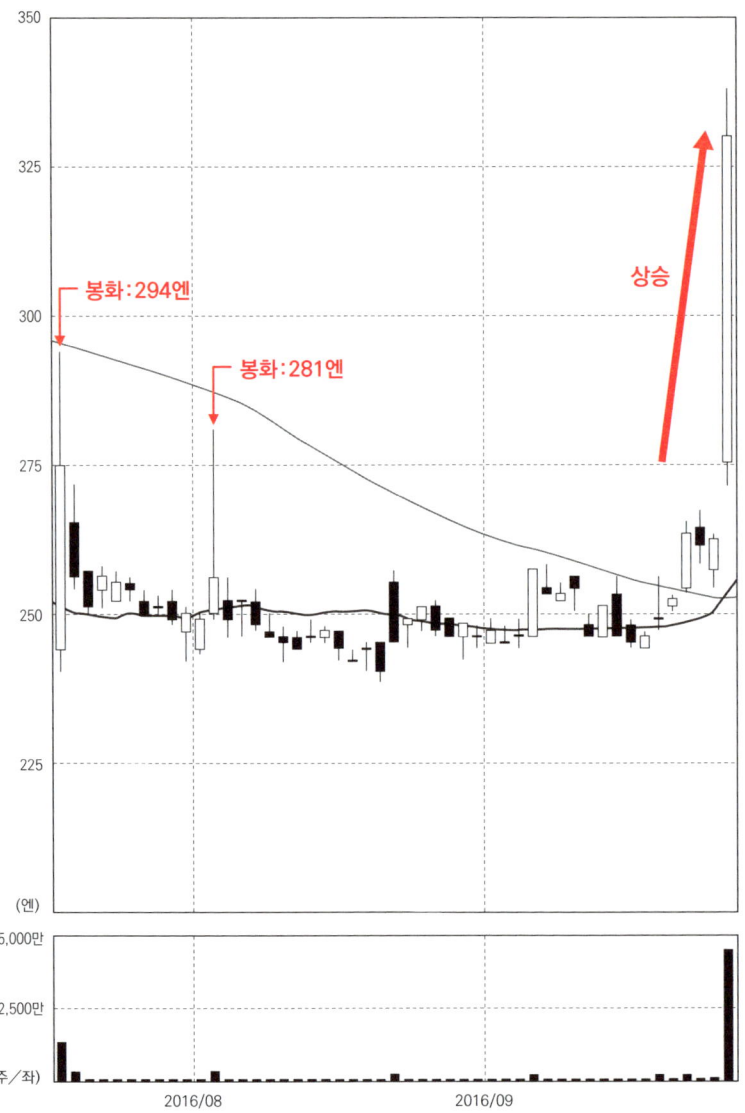

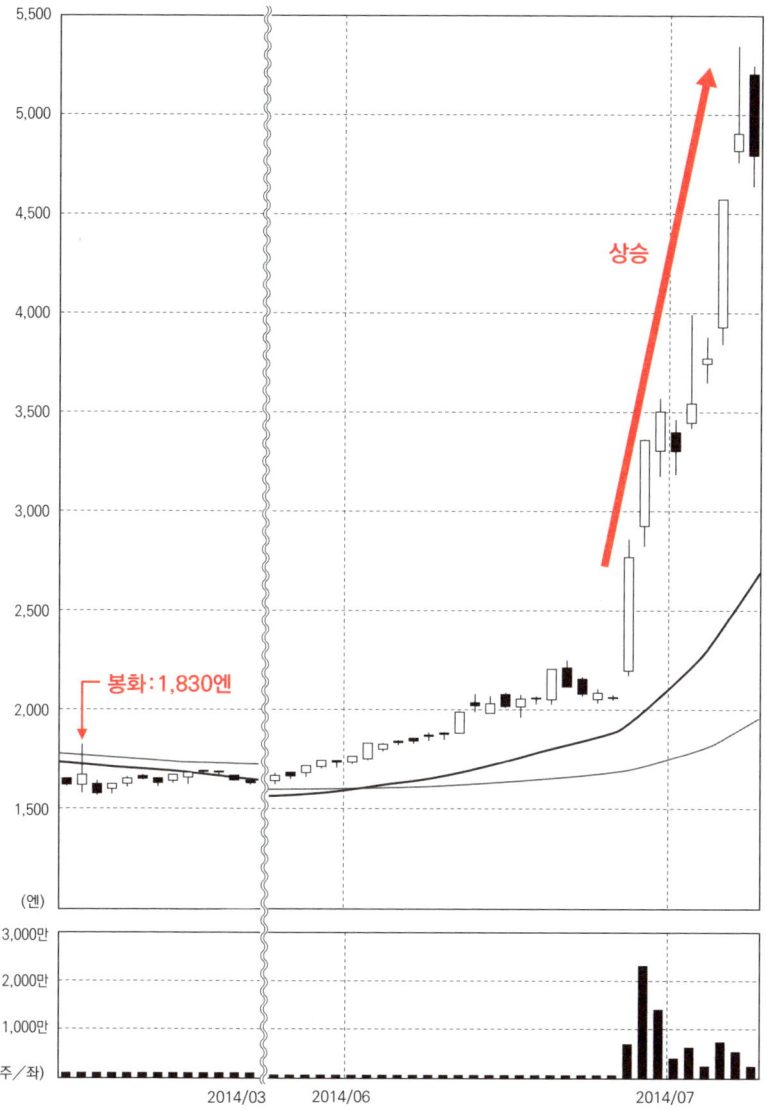

자료 3-8 '봉화' 사례 ② 미쓰비시 화공기(6331) 일봉 차트

Chapter 03 · [카부키류] 횡보권 투자 기술

자료 3-9 '봉화' 사례 ③ 호쿠신(7897) 일봉 차트

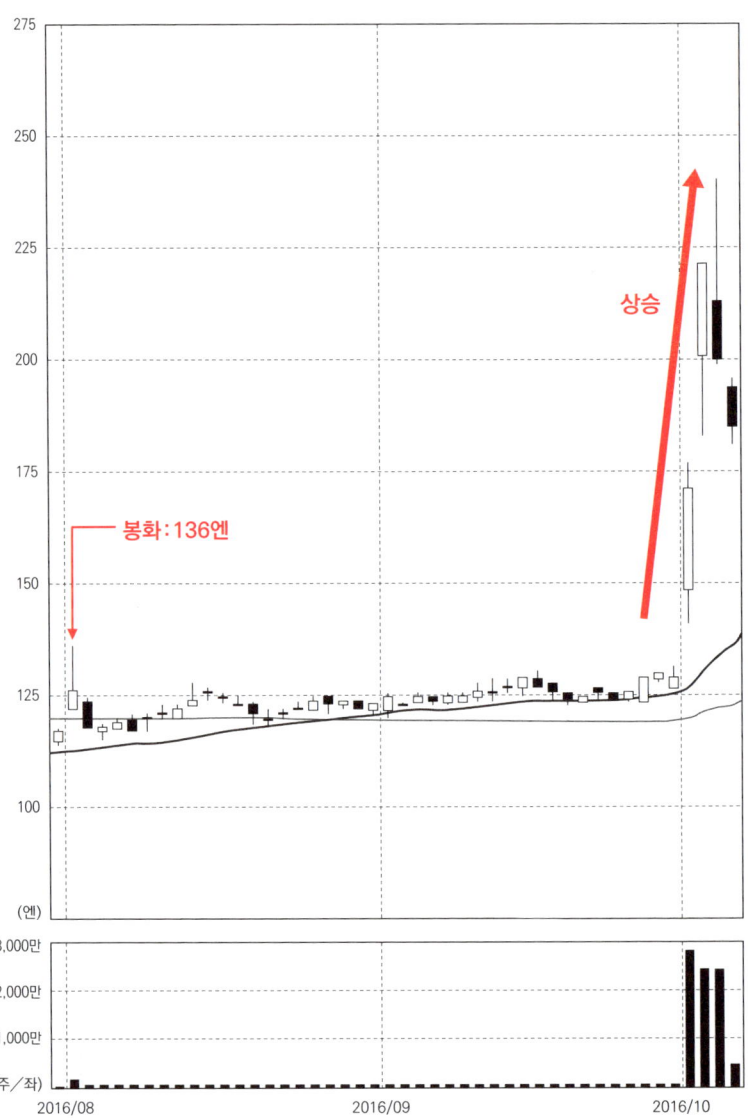

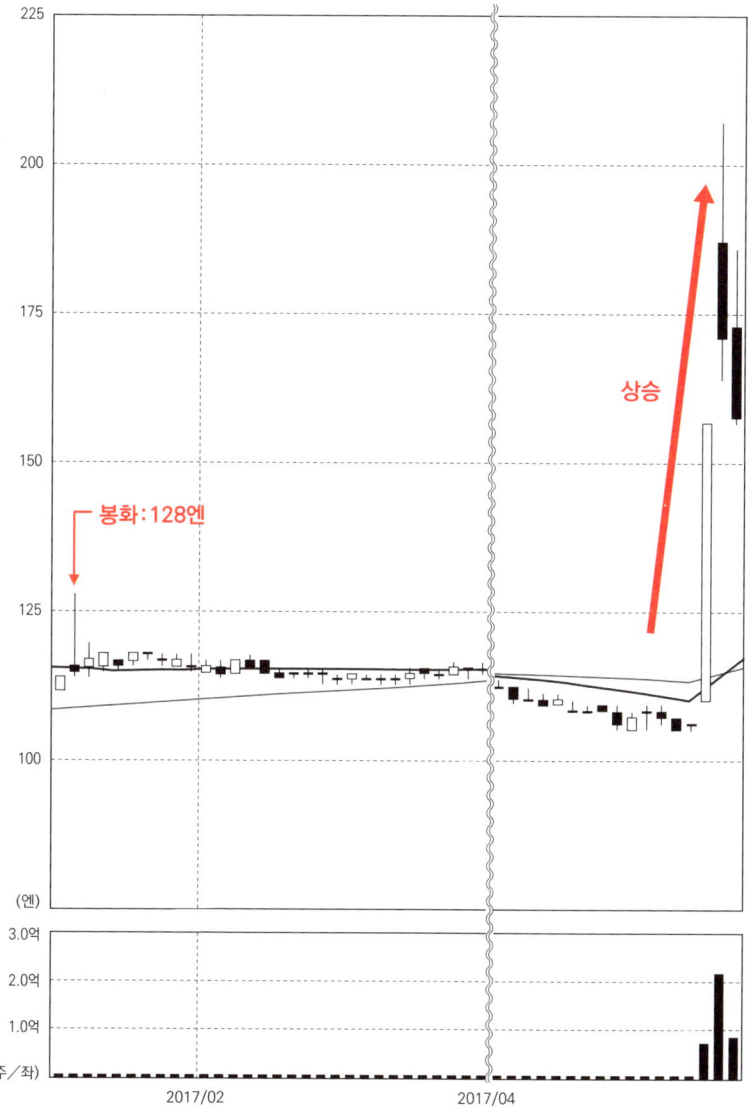

자료 3-10 '봉화' 사례 ④ 레나운(3606) 일봉 차트

자료 3-11 '봉화' 사례 ⑤ 신바이오 제약(4582) 일봉 차트

브레이크 포인트를 나타내는
'빗장'

이번에는 **'빗장'**이라는 기법에 대해 알려드리겠습니다. 횡보권에서 활용할 수 있는 기법이며, 카부키류에서는 보기 드문 약세 전략이기도 합니다. 빗장이란, 문을 잠그고 고정하는 가로 막대를 말합니다.

상승하던 주가가 하락 후 다시 상승하면서 형성된 저점을 C점이라고 하면, 이후 주가가 다시 하락해서 이 C점과 정확히 같은 가격에 멈추는 것을 '빗장이 걸렸다'라고 표현합니다. 마치 철컥 하고 '락이 걸리는' 느낌입니다.

일봉 차트상에서는 2개의 저점이 나란히 나타나고 그 값이 완전히 동일해집니다. 이 **빗장이 걸린 C점을 하나의 지지선으로 인식**하는 것입니다.

빗장 패턴은 일봉 차트에 한해서 두 점의 간격이 3~5일 정도가 가장 좋습니다.

<자료 3-12> 재팬 디스플레이(6740) 일봉 차트를 살펴볼까요. 2016년 9월 27일과 10월 3일의 저점이 모두 149엔으로 동일합니다. 이처럼 한번 빗장이 걸리면 이 빗장을 깨고 그 아래로 하락하는 경우는 드뭅니다. 따라서 주가가 이 빗장 위에서 움직일 때는 '이 가격대에 빗장이 걸려 있구나' 하고 안심할 수 있습니다.

이러한 특성을 활용해서 **빗장이 걸린 것을 확인했다면 빗장 가격을 LCP(손절매 포인트)로 설정하고, YHO 시점에 매수**하는 전략을 추천합니다. 빗장은 쉽게 깨지지 않지만, **일단 빗장이 무너지고 하락이 시작되면 이후 급격한 하락이 이어질 가능성이 큽니다.**

즉, 반대로 빗장은 강력한 '매도 신호(매수 시점이 아닌 매도 타이밍)'가 되기도 합니다. <자료 3-13> 도쿄전력HD(9501) 일봉 차트를 살펴보면, 2019년 4월 24일과 5월 8일에 600엔이라는 동일한 저가로 빗장이 형성되었으나, 다음 날 바로 이 빗장이 무너지며 하락세가 이어졌습니다. 이처럼 빗장은 무너졌을 때 위험하므로 주의해야 합니다.

빗장은 주가가 상승할지 하락할지 판가름하는 '브레이크 포인트'입니다. 향후 주가의 방향을 가늠하는 중요한 지점으로, 빗장이 형성된 가격대에서 주가가 어느 방향으로 움직이는지 잘 살펴봐야 합니다.

초보 투자자에게는 다소 어려울 수 있지만, 빗장은 익혀두면 유용한 패턴이므로 꼭 기억하시기 바랍니다.

앞서 말씀드린 것처럼 빗장은 약세 전략입니다. 단, 오해하지 말아야 할 점은 약세 전략이라고 해서 약세장에서만 사용하는 것은 아니라는 사실입니다. **오히려 강세장에서 더욱 효과를 발휘**합니다. 카부키류의 핵심은 '과감함'이며, 기본적으로 강한 장세에서 매매하는 것을 지향합니다. 약세장에서는 카부키류에서 '매수 신호'로 보는 형태에도 속임수가 있을 수 있으므로 반드시 주의가 필요합니다.

자료 3-12 '빗장' 사례 ① 재팬 디스플레이(6740) 일봉 차트

자료 3-13 '빗장' 사례 ② 도쿄전력HD(9501) 일봉 차트

Chapter 03 · [카부키류] 횡보권 투자 기술 107

Chapter 04

카부키류
저가권
투자 기술

주가는 끊임없이 상승과 하락을 반복합니다. 따라서 저가권(최근 가장 낮은 주가 부근)에서의 대응 전략도 알아둘 필요가 있습니다. 이제부터 저가권에서 활용할 수 있는 카부키류 투자 기술을 설명하겠습니다.

투자 기술 정리 ④

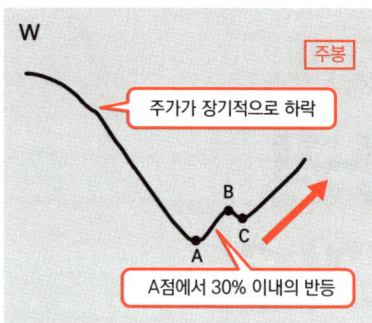

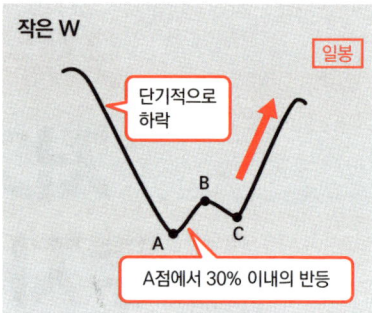

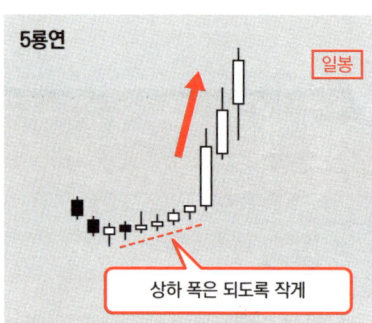

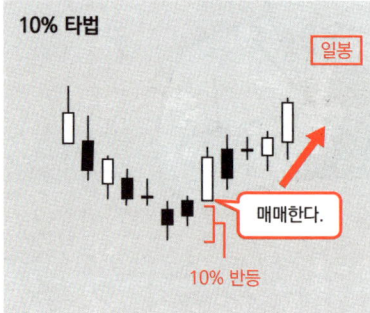

장기 추세 전환을 나타내는 'W'

저가권에서 가장 먼저 주목해야 할 패턴은 'W'입니다. 'N'과 유사한 개념으로, 캔들 차트가 알파벳 W 모양을 그리는 패턴을 말합니다. **하락이 시작되어 A점이 형성되기까지는 최소 8개월이 필요하며, 26주 선이 상단에, 13주 선이 중단에, 주가는 최하단에 위치하는 것이 'W'의 기본 조건**입니다.

W 패턴은 '주봉'을 기준으로 하며, A점이 최근 최저가 부근에 있어야 한다는 것이 대전제입니다. A점은 저가, B점은 고가, C점은 B점에서 조정된 저가(단 A점보다는 높은 위치)로 잡습니다. 다른 패턴은 시가를 A점으로 잡는 경우가 많지만, W 패턴은 저가를 A점으로 설정하는 것이 특징입니다. A점이 최근 저가이므로 C점은 필연적으로 A점보다 높은 위치에 형성됩니다.

또한 BC는 깊어도 상관없지만, AB의 반응 폭은 얕은 편이 좋습니다. 직전 저점인 A점에서 측정했을 때 B점이 30% 이상 상승했다면 반응이 과도한 것으로 봅니다. A점은 양봉이든 음봉이든 꼬리가 있든 상관없지만, **A점 기준으로 30% 이내의 반등을 보여야만 'W' 패턴이 형성된 것으로 간주**합니다.

W는 자주 출현하지 않는 패턴으로 특히 '슈퍼 A클래스'나 'A클래스'에서는 극히 드물게 나타납니다. 그만큼 이 패턴이 나타나면 큰 기회라고 볼 수 있습니다. 주봉 차트에서 이 패턴을 발견했다면 일봉 차트의 YHO(전일 고가 돌파) 시점에서 매매를 시작하면 됩니다.

이 'W' 패턴이 연속으로 나타난 시기가 있습니다.

먼저 <자료 4-1> 쇼와전선HD(5805) 주봉 차트를 살펴봅시다. 2018년 12월 24일 주의 저점이 A점, 2019년 1월 7일 주의 고점이 B점, 1월 21일 주가 C점을 형성하며 'W' 패턴이 나타났습니다. 이처럼 하락 도중에 큰 반응을 보이지 않는 'W'가 가장 아름다운 패턴이라고 할 수 있습니다.

같은 시기에 <자료 4-2> 이시카와 제작소(6208), <자료 4-3>의 유글레나(2931) 주봉 차트에서도 2018년 12월 24일 주를 A점으로 삼는 'W'이 출현했습니다.

그중에서도 가장 이상적인 형태는 역시 2018년 12월 24일 주를

A점으로 형성된 <자료 4-4> 라옥스(8202) 주봉 차트의 패턴입니다. AB가 30.7%로 기준을 0.7% 초과했지만 형태만 보면 이만큼 깔끔한 'W'는 찾아보기 힘듭니다. 소서나 브리지 등 다른 패턴도 보이지만 W패턴으로 해석하는 것이 적절할 것 같습니다.

이처럼 W패턴은 특히 하락 국면에서 출현할 가능성이 큽니다. 주가가 저가권에 진입했을 때는 주봉 차트를 주의 깊게 살피고 W가 출현하면 과감하게 공략합시다.

마지막으로 **과도한 반등의 사례**도 살펴보겠습니다.

<자료 4-5> SUMCO(3436)의 주봉 차트를 보면 2018년 10월 22일 주의 저가 1,280엔을 A점, 11월 5일 주의 고가 1,770엔을 B점으로 삼아 형성된 W와 유사한 형태가 보입니다. 이것도 'W' 패턴이지만, AB가 38%로 반등 폭이 너무 커서 매매 대상으로는 적합하지 않습니다.

이는 **반등 과정에서 이미 많은 에너지를 소모했다는 의미입니다. AB의 반등 폭은 10%나 15% 정도로 작게 형성되는 것이 가장 이상적인 형태**라는 점을 기억하시기 바랍니다.

자료 4-1 'W' 사례 ① 쇼와전선HD(5805) 주봉 차트

자료 4-2 'W' 사례 ② 이시카와 제작소(6208) 주봉 차트

자료 4-3 'W' 사례 ③ 유글레나(2931) 주봉 차트

자료 4-4 'W' 사례 ④ 라옥스(8202) 주봉 차트

자료 4-5 'W' 사례 ⑤ SUMCO(3436) 주봉 차트

단기 추세 전환을 나타내는
'작은 W'

다음은 **'작은 W'**입니다.

W는 매우 드물게 나타나는 희귀한 형태이므로 그 변형인 '작은 W' 또한 중요한 체크 대상입니다. '작은 W'도 W만큼은 아니지만 좋은 패턴입니다.

두 패턴의 가장 큰 차이점은 관찰 시점입니다. **W는 주봉 차트에서 관찰하는 반면, '작은 W'는 일봉 차트에서 확인**합니다.

또한 W는 직전 최저가 구간에서만 나타나지만, 작은 W는 직전 최저가까지는 아니라도 낮은 위치에서 형성될 수 있습니다. '작은'에는 이런 의미가 담겨 있습니다.

형태의 기본 개념은 앞서 설명한 'W'와 동일합니다. **A점보다 C점이 낮지 않아야 하고, 이동평균선 아래에서 주가가 형성**되어야 합니다.

카부키류에서는 '거래량'을 중요하게 생각하지만 **'작은 W'는 약세 구간에서 단기간에 나타나는 형태이므로 거래량이 적어도 문제가 되지 않습니다.**

그럼 실제 사례를 살펴봅시다.

2017년 4월 20일, 대형은행 4개 종목에서 작은 W 패턴이 동시에 관찰되었습니다.

먼저 <자료 4-6> 미즈호FG(8411) 일봉 차트를 보면 2017년 4월 17일의 저가를 A점, 4월 18일의 고가를 B점, 4월 19일의 저가를 C점으로 형성된 매우 아름다운 작은 W가 나타났습니다.

<자료 4-7> 미쓰비시 UFJ 파이낸셜 그룹(8306), <자료 4-8> 리소나HD(8308), <자료 4-9> 미쓰이스미토모 트러스트HD(8309)에서도 같은 위치, 같은 날짜에 같은 방식으로 작은 W가 출현한 것을 확인할 수 있습니다.

이런 현상은 W나 작은 W 패턴에서 종종 발생합니다.
참고로 차트 모양만 놓고 보면 이 중에서 가장 이상적인 형태는 미즈호FG입니다. 눌림이 얕고 교과서적인 작은 W 패턴을 보여줍니다.

자료 4-6 '작은 W' 사례 ① 미즈호FG(8411) 일봉 차트

Chapter 04 · [카부키류] 저가권 투자 기술

자료 4-7 '작은 W' 사례 ② 미쓰비시 UFJ 파이낸셜 그룹(8306) 일봉 차트

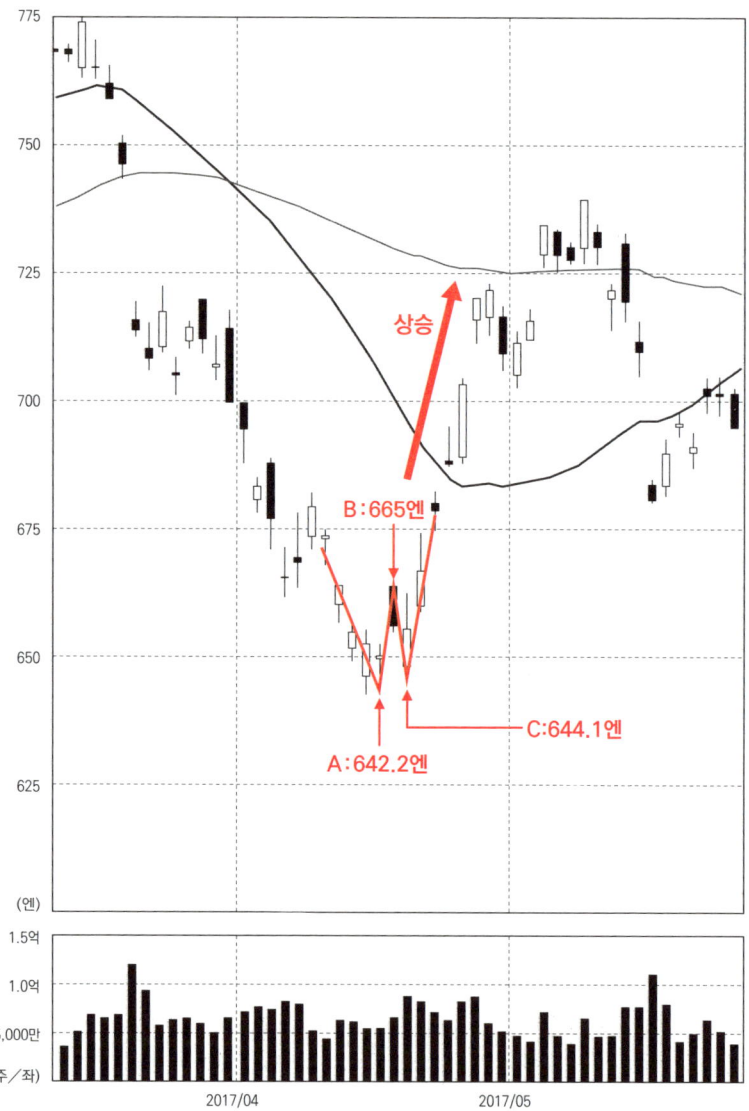

자료 4-8 '작은 W' 사례 ③ 리소나HD(8308) 일봉 차트

자료 4-9 '작은 W' 사례 ④ 미쓰이스미토모 트러스트HD(8309) 일봉 차트

대세장을 포착하는
'5룡연'

제3장 횡보권 투자 기술에서 소개한 '봉화'처럼 '알리바이'가 되어주는 패턴을 알려드리겠습니다. 바로 **'5룡연(龍連)'**입니다. 직접적인 SP는 아니지만 '이 형태가 나타나면 좋은 징조'라고 해석할 수 있습니다. 매수를 결정할 때 확신을 주는 요소가 되기도 합니다.

판별 방법은 매우 단순합니다. **월봉 차트에서 5개월 연속 힙업이 이어지는 형태가 나타나면 대세장이 올 가능성이 큽니다.** 특히 별다른 재료가 없는(주가에 영향을 미칠 만한 특별한 요인이 없는) 종목에서 이러한 패턴이 나타난다면 좋은 기회입니다. 이때는 일봉 차트로 전환해서 적절한 SP를 찾아 공략하면 됩니다.

5룡연은 월봉 차트에서만 유효하며 주가 등락 폭은 최대한 작을수

록 좋습니다. 상승 각도 또한 완만할수록 이상적이며, 눈에 띄지 않게 꾸준히 상승하는 것이 좋습니다. 힙업이기만 하면 음봉이든 양봉이든, 고가가 상승하든 하락하든 상관없습니다.

월봉 차트에서 고가와 저가의 변동 폭이 작으면서 조금씩 힙업하는 종목은 조용히 매집하는 세력이 있다는 것을 의미합니다.

5룡연은 단순한 패턴처럼 보이지만 실제로 이런 형태가 나타나기는 쉽지 않습니다. 따라서 4개월 연속 상승하는 **4룡연도 충분히 좋은 형태**라고 볼 수 있습니다.

예를 들어, <자료 4-10> 중외제약(4519) 2012년 월봉 차트를 살펴봅시다. 6월부터 2013년 5월까지 12개월 연속 저가 상승, 즉 힙업을 기록했습니다. 자세히 살펴보면 2012년 6월부터 12월까지 작은 등락 폭을 보이면서 7개월 연속 힙업을 기록했고, 이후 2013년 1월에 주가가 크게 상승했습니다. 이처럼 5룡연은 단순한 형태이기 때문에 아주 쉽게 알아볼 수 있습니다.

다만 <자료 4-11> 도쿄경마(9672) 2012년 8월부터 11월까지의 월봉은 조금 예외적인 케이스입니다. 12월에도 힙업을 기록했지만 대신 **장대양봉이 출현했습니다. 이 경우 5룡연이 아닌 4룡연**으로 간주합니다.

<자료 4-12> 노무라HD(8604) 월봉 차트에서도 2012년 7월부터 저가가 순서대로 245엔, 253엔, 257엔, 261엔, 279엔으로 점차 상승하며 5룡연을 형성하고 있습니다.

이런 식으로 **작게 형성되는 것이 좋은 패턴**입니다. 슈퍼 A클래스 종목에서 이런 형태가 나타나는 것은 매우 드물기 때문에 놓쳐서는 안 됩니다.

<자료 4-13> 후지쯔(6702) 월봉 차트를 보면 2013년 10월부터 2014년 2월까지 힙업이 이어지고 있지만, 이 경우 상하 변동 폭이 너무 큽니다. 앞서 살펴본 노무라HD의 캔들처럼, **양봉의 상하 변동 폭이 작을수록 좋은 패턴이라는 점을 기억하시기 바랍니다.**

자료 4-10 '5룡연' 사례 ① 중외제약(4519) 월봉 차트

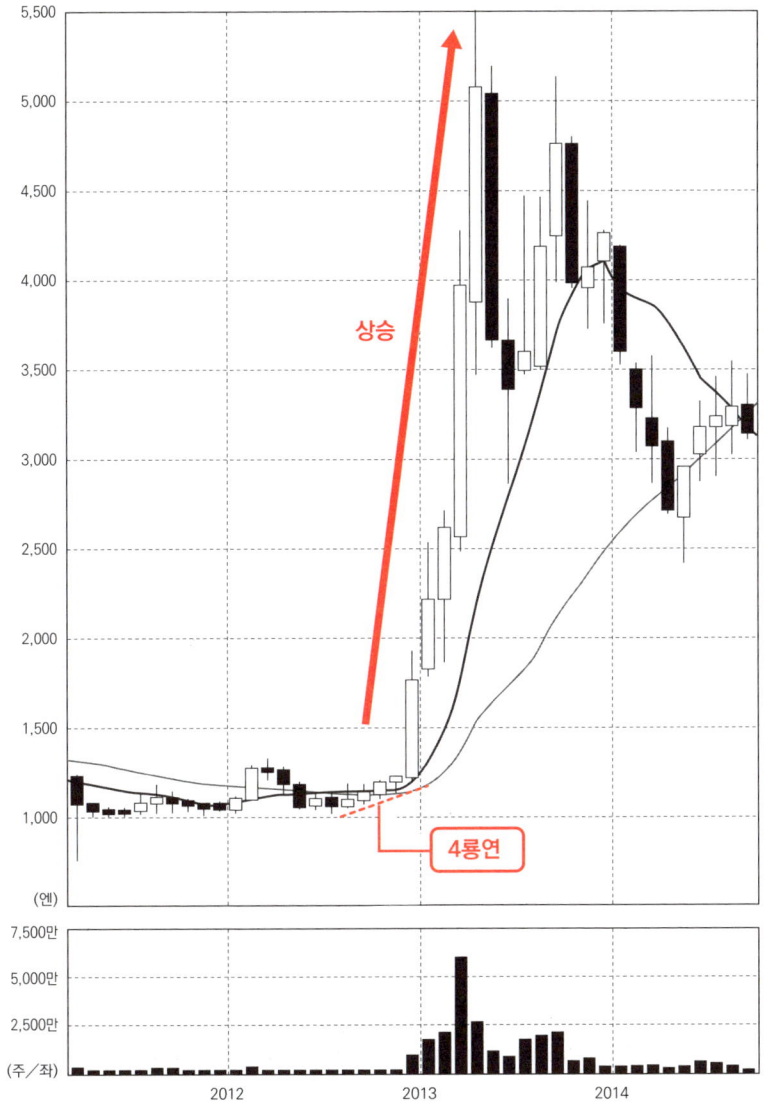

자료 4-11 '5룡연' 사례 ② 도쿄경마(9672) 월봉 차트

자료 4-12 '5룡연' 사례 ③ 노무라HD(8604) 월봉 차트

자료 4-13 '5룡연' 사례 ④ 후지쯔(6702) 월봉 차트

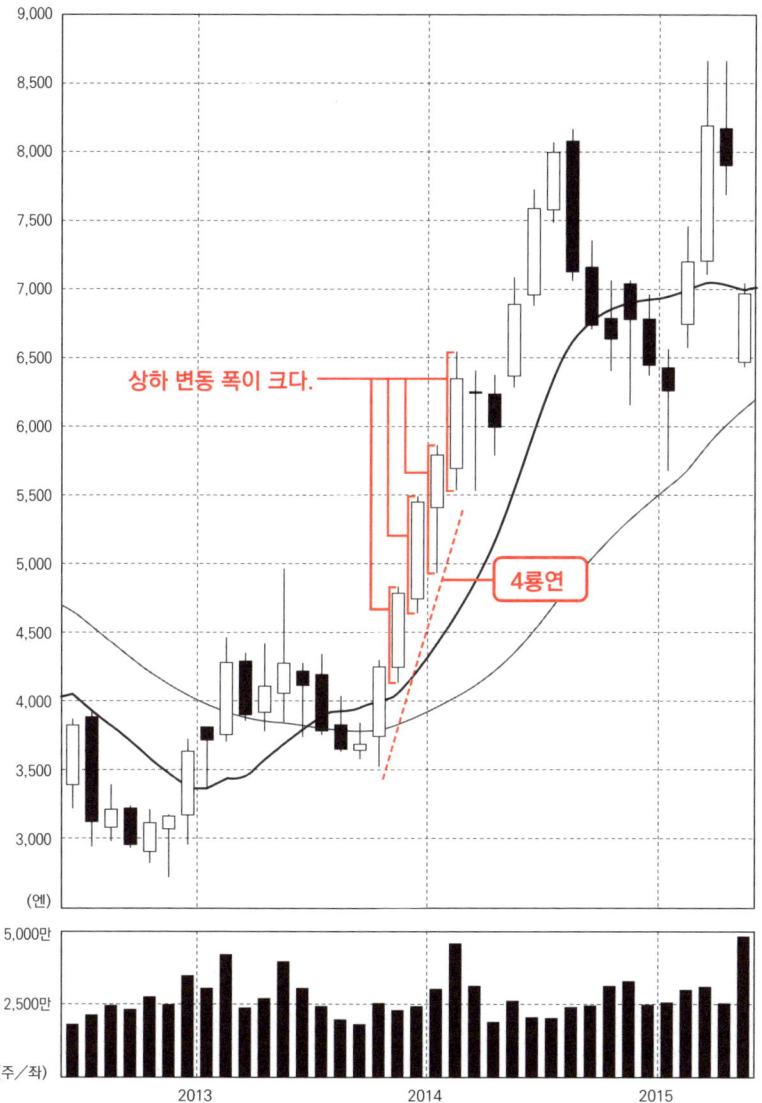

Chapter 04 · [카부키류] 저가권 투자 기술

바닥권에서 반등하는 '샛별형'

'**샛별형**'은 일반적인 주식 세계에서도 흔히 사용하는 용어입니다. 매우 드물게 나타나는 희귀한 케이스에다 약세 전략이지만, 잘못된 해석이 퍼져 있는 것 같아서 정확히 설명해드리고 넘어가겠습니다.

샛별형은 **말 그대로, 작은 별처럼 보이는 캔들**입니다. 아주 짧은 양봉 위아래로 꼬리가 뻗어 있으며, 몸통이 짧고 꼬리도 너무 길지 않은 것이 좋습니다. 전체적으로 작을수록 좋고, 십자형도 괜찮지만, **반짝 빛나는 것처럼 몸통이 살짝 보이는 정도가 이상적**입니다. 이런 형태가 진바닥권(최소한 최근 3년간 최저가 구간)에서 당일 갭 하락 출발로 나타나면 반전 신호가 되므로 주의 깊게 살펴보시기 바랍니다.

단, 또 하나 중요한 조건이 있습니다.

다음 날 시가가 전일 고가보다 높게, 즉 갭 상승으로 출발하는 것입니다. 이때 비로소 '샛별형' 패턴이 완성됩니다. 따라서 '샛별형'이 나타났다고 해서 즉시 '매수 신호'로 판단해서는 안 됩니다. 이 점을 반드시 기억하시기 바랍니다.

'샛별형'의 SP는 이 '갭 상승 출발'입니다. 시가가 전일 고가에 근접할 것으로 예상될 때 매매를 시작하면 됩니다.

다음 페이지의 <자료 4-14> 다이닛폰 스미토모 제약(4506) 일봉 차트를 보면, 2017년 8월 14일에 샛별형이 나타났습니다. 이처럼 진바닥권에서 샛별형이 출현하는 경우는 매우 드물기 때문에 과감히 공략에 나서야 합니다.

다음으로 <자료 4-15> NEC(6701) 일봉 차트를 살펴보면 2016년 8월 3일에 샛별형이 나타났습니다. 단, 이 경우 진바닥권에서 출현한 것이 아니기 때문에 변칙적이라고 할 수 있습니다. 순수한 진바닥권에서 나타나는 정통 샛별형은 매우 드문 만큼 이런 **'국부적 샛별형'에도 주목**해보시기 바랍니다.

자료 4-14 '샛별형' 사례 ① 다이닛폰 스미토모 제약(4506) 일봉 차트

자료 4-15 '샛별형' 사례 ② NEC(6701) 일봉 차트

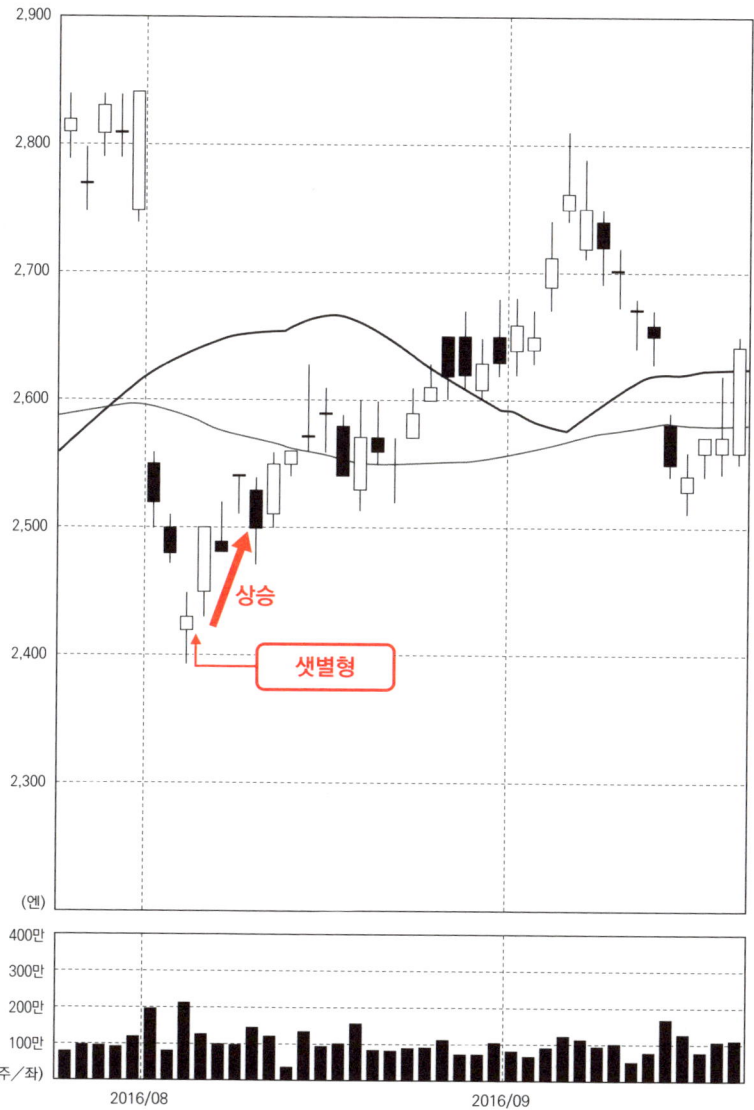

Chapter 04 · [카부키류] 저가권 투자 기술 **135**

대바닥에서 반등하는
'10% 타법'

카부키류의 핵심은 언제나 '강세 전략'입니다. '하락한 종목'이 아닌 '상승 중인 종목', 즉 '시장에서 강세를 보이는 종목'에 투자하는 것이 기본입니다. 하지만 저가권 투자 기술의 마지막으로 약세 전략을 하나 더 알려드리겠습니다. 바로 **'10% 타법'**입니다.

10% 타법은 주가가 계속 하락해서 역대급 저점을 찍었거나 최근 2~3년 내 최저점에 도달했을 때, 일봉 기준으로 10% 반등한 시점에 매매를 시도하는 방법입니다. **크게 하락한 종목이 10% 반등한 지점을 노리는 것**입니다. 10%나 반등했다면 바닥을 확인했다고 판단할 수 있기 때문입니다.

이 또한 기본적인 매매 시점은 YHO(전일 고가 돌파) 시점입니다. 이때 매수를 시도한 후 예상대로 상승세가 이어진다면 힙다운할 때까지 보유하는 것이 좋습니다.

10% 타법은 대바닥에서의 반등을 노리는 전략이므로 결코 강한 상승장의 패턴은 아닙니다. 따라서 카부키류에서는 약세 전략으로 분류합니다. 이 패턴은 **악재가 있는 시기에 부진한 종목에서만 나타나기 때문**에 출현 빈도는 낮지만, 만약 나타난다면 놓치지 말고 포착해야 합니다.

10% 타법에는 반드시 지켜야 할 사항이 있습니다. 매주 공시되는 '신용 거래 현황'을 확인해서 **매수 우위**(신용 거래에서 매수 잔고가 매도 잔고를 웃도는 상태)**일 때만 매매를 시작**해야 한다는 것입니다. 신용 잔고의 매수 잔고와 매도 잔고는 최소 2대 1 이상 이상 차이가 나야 하며, 이 **차이는 크면 클수록 좋습니다.**

신용 거래에서 매수 잔고와 매도 잔고가 비슷하거나 매도 우위(신용 매수에 비해 공매도 잔고가 많은 경우)인 경우에는 절대 매매를 시도해서는 안 됩니다. 10% 타법은 역대급 저점인 대바닥권에서 시도하는 매매이므로 **매도 잔고가 매수 잔고를 웃돌 경우, 부도 위험**이 있기 때문입니다.

이 '신용 거래 현황'을 보는 방법은 **매수 우위 상태에서 매매를 시도하는 것은 카부키류의 모든 기법에 적용되는 원칙**입니다.

10% 타법의 예시로 <자료 4-16> 도쿄전력HD(9501) 2012년 11월

12일 일봉 차트를 살펴보겠습니다. 저가 120엔을 기록했을 당시 신용 거래 현황은 3,800만 매수에 1,380만 매도로 약 3대 1이었습니다. 당시 도쿄전력은 파산 가능성도 있었지만, 이 정도 매수 우위라면 그 위험은 낮다고 판단할 수 있습니다.

이때 10% 높은 132엔 이상에서 좋은 SP가 있다면 매매를 시도해도 좋습니다. 이 경우에도 속임수가 있기는 하지만 이후 상승세를 보였습니다.

또 다른 좋은 예는 <자료 4-17> 도시바(6502) 일봉 차트 2016년 2월 12일입니다. 저가가 1,550엔(당시 병합 전이라 155엔)이었을 때의 신용 잔고는 6,200만 매수, 1,200만 매도로 5대 1 정도였습니다.

이 경우에는 2월 16일 1,705엔 돌파 시점에 매매를 시도해도 좋습니다.

자료 4-16 '10% 타법' 사례 ① 도쿄전력HD(9501) 일봉 차트

자료 4-17 '10% 타법' 사례 ② 도시바(6502) 일봉 차트

Chapter 05

카부키류
섣부른 투자를
방지하는 기술

지금까지는 매매에 최적인 '좋은 캔들' 위주로 설명해드렸지만, 이제부터는 '나쁜 캔들'에 대해서도 생각해봅시다. 카부키류에서는 강세장 매매를 중시하지만, 그것이 전부는 아닙니다. 리스크 관리 또한 매우 중요합니다. 적절한 방어와 수비 전략 없이는 한 번에 큰 손실을 입게 됩니다. '미실현 손실은 크나큰 죄악이다.' 이 점을 명심하시기 바랍니다.

투자 기술 정리 ⑤

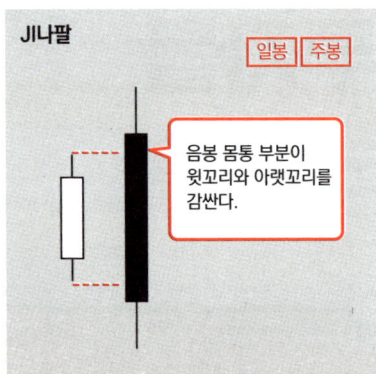

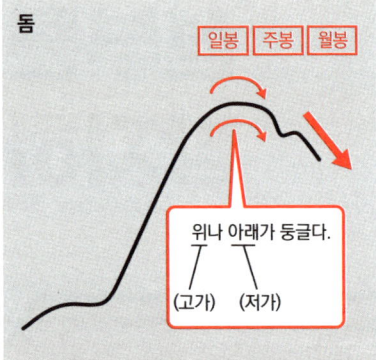

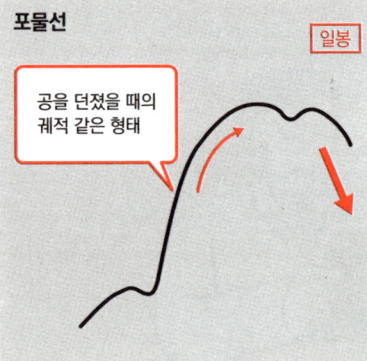

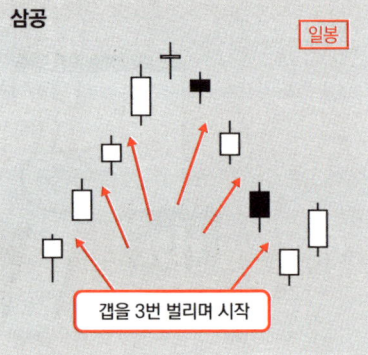

나쁜 캔들의 대표격
'JI나팔'

 '나쁜 캔들'이란 주가가 하락할 조짐을 보이는 캔들을 의미합니다. 이러한 캔들을 발견하면 위험을 감지하고 매수를 보류하거나, 이미 매수한 경우에는 매도하고, 꼭 매수하고 싶은 경우에는 LC 폭을 좁게 설정하는 등의 대책이 필요합니다.

 대표적인 '나쁜 캔들'로는 '나팔 캔들'이 있습니다. 일봉이나 주봉 차트에서 고가와 저가의 가격 폭이 점점 넓어져서 옆으로 눕힌 나팔처럼 벌어지는 형태를 '나팔 캔들'이라고 하는데, 이 패턴이 나타나면 좋지 않은 신호라고 볼 수 있습니다. 시장의 에너지가 집중된 '수렴 상태'와는 반대로 에너지가 점차 분산되는 양상을 보입니다.
 나팔 캔들 중에서도 가장 경계해야 할 것은 'JI나팔'입니다.

JI는 몸통과 음봉의 약자입니다.* 일봉 차트에서 당일과 전 영업일의 캔들 2개로 만들어지는 형태로, 당일 캔들의 몸통 부분(시가와 종가의 가격 폭, 꼬리를 제외한 부분)이 음봉이면서 시가는 전일 고가보다 높고 종가는 전일 저가보다 낮은 경우를 말합니다. 전일 캔들은 양봉이든 음봉이든 상관없지만, 당일 캔들은 반드시 음봉이어야 합니다. 또한 **음봉의 몸통 부분이 전일 캔들 전체(꼬리 포함)보다 크고 완전히 감싸는 형태**여야 합니다.

이런 형태가 **신고가권에 나타나면 급락 또는 상승 추세**(=주가 움직임의 경향) **전환을 예고하는 신호**입니다. 다만 JI 나팔이 나타난 후 상승하는 경우는 거의 없습니다. 매우 위험한 캔들이므로 철저히 기피하고, 나타나면 본능적으로 거부감이 들도록 훈련하시기 바랍니다. 나쁜 캔들을 기피함으로써 좋은 캔들에 대한 이해가 더욱 깊어질 것입니다.

대표 종목(주식 시장 전체의 방향성을 보여주는 지표로써 대표로 선정된 종목)에서 JI 나팔 등의 나쁜 캔들이 출현하면 전체 주가에 영향을 미칠 수 있다고 보고 모든 종목에 세심한 주의를 기울여야 합니다. **나쁜 캔들은 시차를 두고 영향을 미치는 경우가 많으므로** 한동안 방심해서는 안 됩니다. 그럼 실제 사례를 살펴볼까요.

---

* 일어로 캔들의 몸통은 実線(짓센jissen), 음봉은 陰線(인센insen)이므로 각각 머리글자를 따면 JI가 된다. - 역자 주

<자료 5-1> KDDI(9433) 일봉 차트를 보면 2017년 12월 12일에 마치 교과서 같은 JI나팔이 출현했습니다. 결과적으로 이후 주가는 큰 폭으로 하락했습니다. 이런 캔들이 결코 우연히 나타난 것이 아닙니다.

<자료 5-2> 재팬 디스플레이(6740) 일봉 차트에서는 2015년 6월 16일 신고가권에서 완벽한 JI나팔이 출현했으며, 이 주가 또한 직후에 하락했습니다.

JI나팔은 2011년 동일본 대지진 이후의 주가 하락도 예언했습니다.

일본의 3대 원전업체 중 하나인 도시바(6502)는 지진 발생 한 달 전인 2011년 2월 17일에 완벽한 JI나팔이 출현했습니다(<자료 5-3> 참조). A클래스 종목의 고가권에서 이런 패턴이 출현하는 것은 극히 드문 일입니다. 시장이란 정말 신기한 세계입니다.

자료 5-1 'JI나팔' 사례 ① KDDI(9433) 일봉 차트

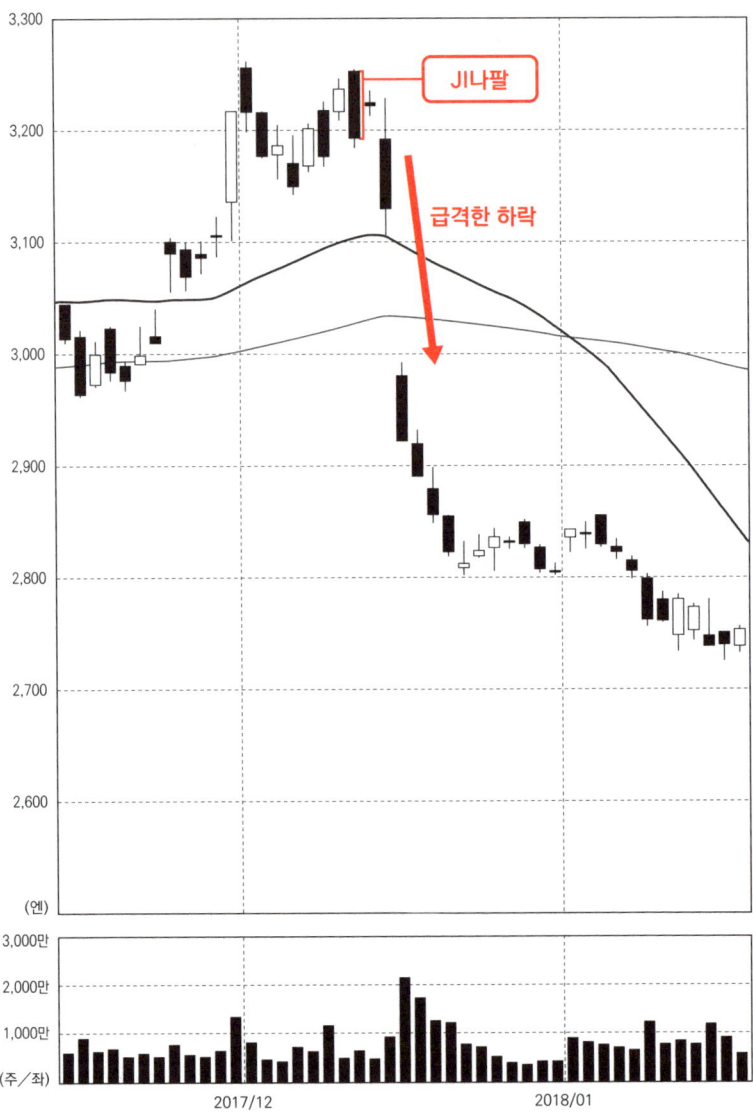

자료 5-2 'JI나팔' 사례 ② 재팬디스플레이(6740) 일봉 차트

Chapter 05 · [카부키류] 섣부른 투자를 방지하는 기술

자료 5-3 'JI나팔' 사례 ③ 도시바(6502) 일봉 차트

어디에 출현해도 위험한 '돔'

두 번째로 경계해야 할 나쁜 캔들은 **'돔'**입니다. 돔은 여러 캔들의 고점이 완만하게 상승했다가 하락하면서 돔의 지붕처럼 둥근 형태를 형성한 차트를 말합니다. 비교적 식별하기 쉬운 것이 특징입니다. **돔을 형성하는 캔들은 최소 3개 이상으로, 대개는 위**(고가)**에서 형성**되지만 **드물게 아래**(저가)**에서 형성되기도** 합니다.

Chapter 01에서 설명했던 '소서'와는 반대되는 형태입니다. 단 소서는 눌림이 얕은 것을 가리키는 반면, 돔은 눌림이 깊은 경우도 있고 3일 동안 작은 돔을 형성했다가 2주 만에 큰 돔을 만드는 등 매우 다양한 형태를 보입니다. 어떤 형태든 **돔은 일봉, 주봉, 월봉 어디에서 출현해도 위험한 패턴**이므로 JI나팔과 마찬가지로 철저히 경계해야 합니다.

또한 어떤 위치에서 나타나더라도 돔은 절대 피해야 합니다. 초고가권이든 대바닥권이든 절대 위험하다는 것을 명심하세요. 돔의 중앙이 살짝 꺼져 있는 등 형태가 다소 변형되어 있어도 **위(고가)나 아래(저가)가 둥글게 보인다면 나쁜 캔들**로 간주해야 합니다.

실제 사례를 살펴봅시다. <자료 5-4> 미쓰비시 UFJ 파이낸셜 그룹(8306) 일봉 차트를 보면 2016년 6월 28일부터 7월 5일에 걸쳐 돔이 출현했습니다. 그 이전에는 JI나팔이 출현했는데, 슈퍼 A클래스나 A클래스에 이런 캔들이 나타났을 때는 특히 주의해야 합니다.

전체적인 움직임에 현혹되어 위험신호를 놓치면, 엄청난 손실로 이어질 수 있으므로 신중하게 대응해야 합니다. **시장에서 계속 승리하기 위해서는 나쁜 캔들이 보일 때 지나치다 싶을 만큼 몸을 사리는 것이 좋습니다.**

같은 날짜의 <자료 5-5> 미쓰이 스미토모FG(8316)와 <자료 5-6> 노무라HD(8604)의 일봉 차트도 함께 살펴보겠습니다. 이렇게 명확한 돔을 형성하는 경우는 매우 드뭅니다. 또한 이 차트에도 며칠 전 JI나팔이 출현했습니다.

이너 돔의 실제 사례도 살펴봅시다. <자료 5-7> KDDI(9433) 일봉 차트에서는 2019년 2월 21일부터 2월 26일까지 구간에, <자

표 5-8> 일본전산(6594) 일봉 차트에서는 2019년 4월 22일부터 4월 25일까지 구간에 이너 돔이 출현했습니다.

　이러한 **나쁜 캔들을 놓치지 않도록 주의하시기 바랍니다.**

자료 5-4 '돔' 사례 ① 미쓰비시 UFJ 파이낸셜 그룹(8306) 일봉 차트

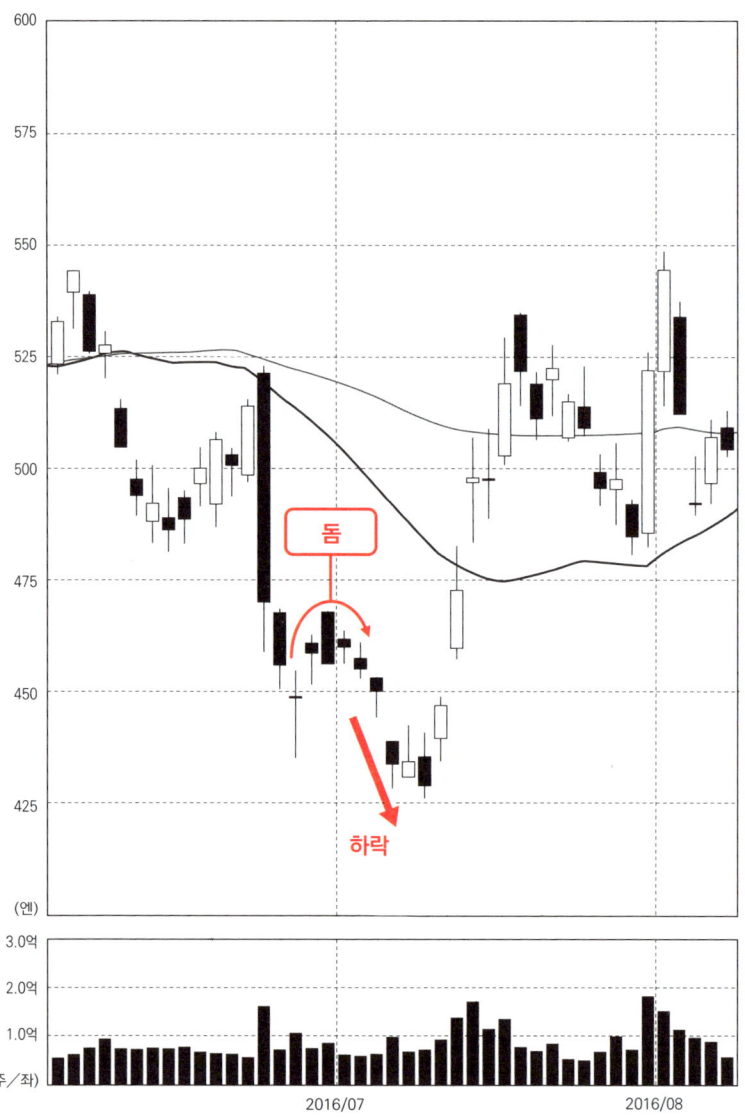

자료 5-5 '돔' 사례 ② 미쓰이 스미토모FG(8316) 일봉 차트

Chapter 05 · [카부키류] 섣부른 투자를 방지하는 기술

자료 5-6 '돔' 사례 ③ 노무라HD(8604) 일봉 차트

자료 5-7 '돔' 사례 ④ KDDI(9433) 일봉 차트

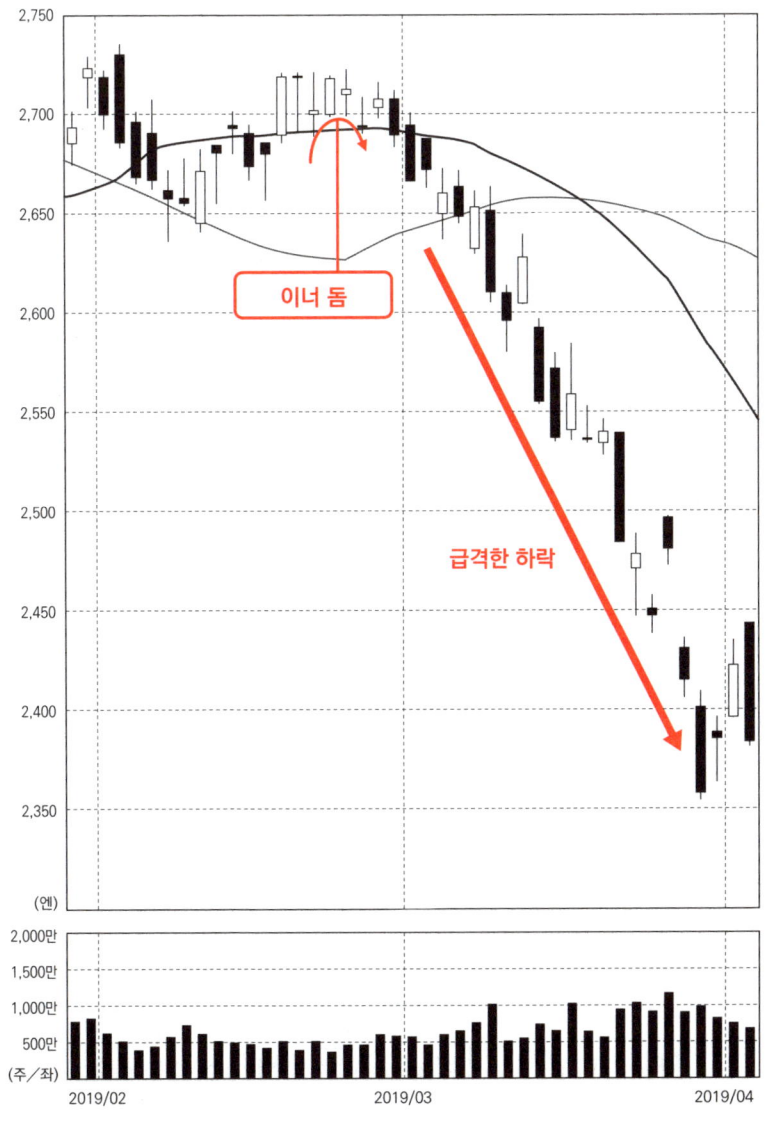

자료 5-8 '돔' 사례 ⑤ 일본전산(6594) 일봉 차트

뒤늦게 영향이 나타나는 '포물선'

세 번째로 주의해야 할 나쁜 캔들은 **'포물선'**입니다. 마치 공을 던졌을 때 그리는 궤적과 유사한 형태가 특징입니다. 상단이 둥글다는 점에서는 돔 패턴과 비슷하지만, **곡선의 끝부분이 시작점까지 내려오지 않는 것이 돔과 포물선의 차이점**입니다. 또한 포물선은 주로 상승 과정에서 나타나는 것이 특징입니다.

이 패턴은 기존에 강세를 보이던 종목이 이제부터 조정 국면에 들어갈 것이라는 신호와도 같습니다. 이 패턴이 출현하면 **언제 대폭 하락해도 이상하지 않다는 징조**입니다. 따라서 현재 시세가 아무리 강세를 보이더라도 신중하게 접근해야 합니다.

돔과 포물선의 차이점을 꼽자면, 돔은 나타난 후 곧바로 하락하기 쉬운 반면 **포물선의 경우에는 뒤늦게 영향이 나타난다는 점**입니다. 포물선 패턴이 별다른 영향을 미치지 못하는 것처럼 보이더라도 조금 시간이 지난 후 결국 하락세로 전환되는 경우가 많으므로, **이 패턴이 출현하면 당분간 주의가 필요**합니다.

실제 사례를 살펴봅시다. 다음 페이지의 <자료 5-9> 라쿠텐(4755) 일봉 차트를 보면 2016년 4월에 포물선이 출현했습니다. 또 <자료 5-10> 후루카와 전기공업(5801) 일봉 차트에서도 2016년 4월과 5월에 포물선이 나타났습니다. 마지막으로 <자료 5-11> 안리쓰(6754) 일봉 차트에서도 매우 깔끔한 포물선이 출현했습니다.

자료 5-9 '포물선' 사례 ① 라쿠텐(4755) 일봉 차트

Chapter 05 · [카부키류] 섣부른 투자를 방지하는 기술 **159**

자료 5-10 '포물선' 사례 ② 후루카와 전기공업(5801) 일봉 차트

자료 5-11 '포물선' 사례 ③ 안리쓰(6754) 일봉 차트

Chapter 05 · [카부키류] 섣부른 투자를 방지하는 기술

상승과 하락의 전환점을 알리는 '삼공'

이번에는 '삼공(三空)'에 대해 설명해드리겠습니다.

예로부터 카부토초*에는 "삼공에는 매수하지 말라", "역삼공에는 매도하지 말라"라는 격언이 전해 내려오고 있습니다. **일봉 차트에서 3회 연속 '갭 상승'하거나 '갭 하락'할 경우 당분간 매매를 자제하라**는 뜻입니다.

동치일문에서도 설명했듯이, 갭이 형성되었다는 것은 전일 고가보다 당일 시가가 높게 시작했거나 전일 저가보다 당일 시가가 낮게 시작했다는 의미입니다. **차트에서 캔들이 전날 캔들과 접촉하지 않고 공간이 생긴 상태**입니다.

---

* 카부토초(兜町): 일본의 증권가 - 역자 주

연속으로 갭 상승이 발생하면 강력한 상승세처럼 보일 수 있지만, 3회 연속 갭 상승은 오히려 더 이상의 상승은 어렵다는 신호입니다. 이후 **추세가 반전될 가능성이 높습니다.**

그럼 실제 사례를 살펴봅시다.

<자료 5-12> 화낙(6954) 일봉 차트를 보면 2016년 10월 6일, 10월 7일, 10월 11일, 이렇게 3회 연속 갭을 형성하며 갭 상승 출발했습니다. 그러나 삼공이 나타난 후에는 상승이 멈춘 것을 확인할 수 있습니다. 이 경우, 가장 적절한 매매 타이밍은 10월 6일 양봉 출현 시점이며, 다음 날인 10월 7일에 진입하는 것은 이미 적기를 놓친 것으로 판단됩니다.

만약 매매 타이밍을 놓쳤지만 그래도 꼭 진입하고 싶다면 삼공의 세 번째 캔들이 마지막 기회이자 아슬아슬하게 세이프입니다. **다만 삼공에서 진입했다면 욕심을 부려 큰 수익을 노려서는 안 됩니다.** 10월 11일 삼공 3일째에 진입했다면 10월 13일 힙다운이나 전날 윗꼬리가 형성된 종가 시점에 매도하는 것이 좋습니다.

하락 방향으로 형성된 '역삼공' 사례는 <자료 5-13> 소니(6758) 일봉 차트에서 확인할 수 있습니다. 2019년 3월 20일부터 3일 연속 갭 하락하며 큰 폭의 하락세를 보였습니다. 4일째 되는 날 갭 상승이 나타났는데, 이는 역삼공 세 번째 날에 하락세가 멈추었음을 의미합니다.

    삼공과 역삼공은 난도가 다소 높아서 초보 투자자는 판단이 어려울 수 있습니다. **그럴 때는 매매를 보류하는 것이 좋습니다.**

자료 5-12 '삼공' 사례 ① 화낙(6954) 일봉 차트

Chapter 05 · [카부키류] 섣부른 투자를 방지하는 기술 **165**

자료 5-13 '삼공' 사례 ② 소니(6758) 일봉 차트

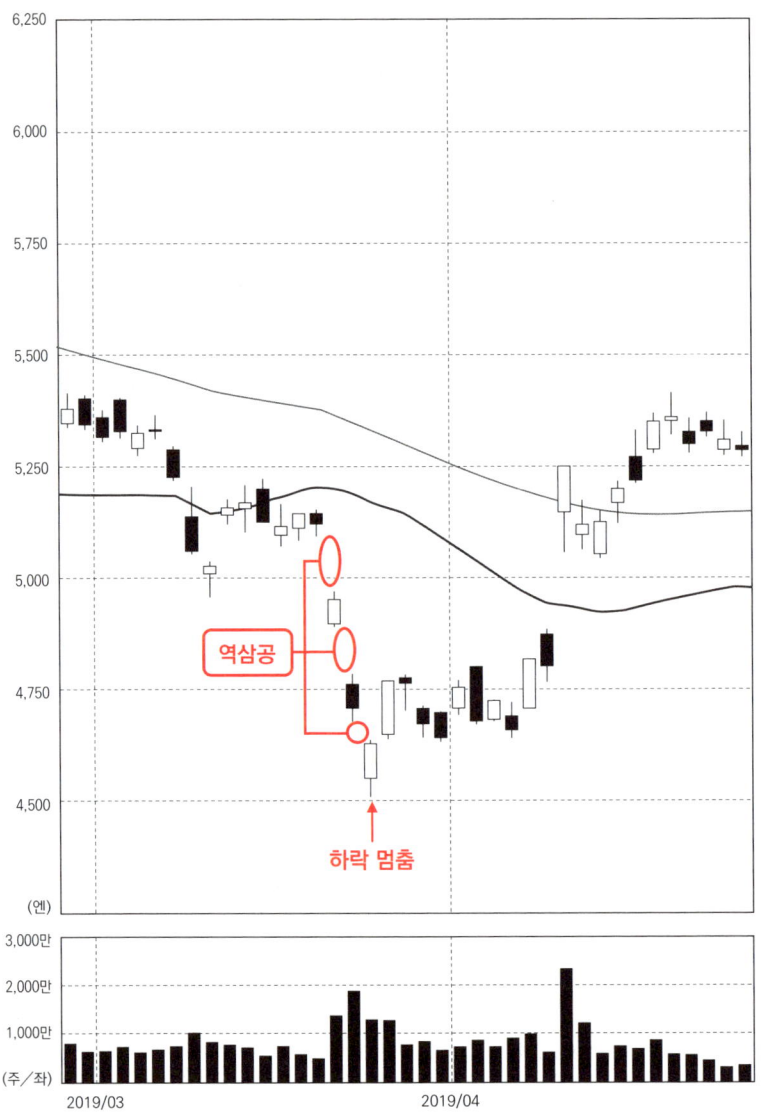

Chapter 06
카부키류 공매도의 모든 기술

주가가 하락할 조짐이 보이면 가만히 지켜보지만 말고, 발상을 전환해서 수익을 창출할 기회로 활용할 수 있습니다. 바로, '매도' 전략으로 전환하는 것입니다. 지금부터 주가가 하락하는 시점을 노려 수익을 창출할 수 있는 카부키류 '공매도' 투자 기술을 전수해드리겠습니다.

투자 기술 정리 ⑥

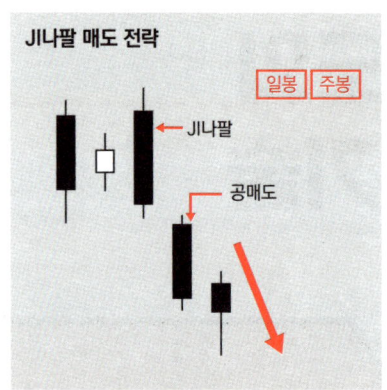

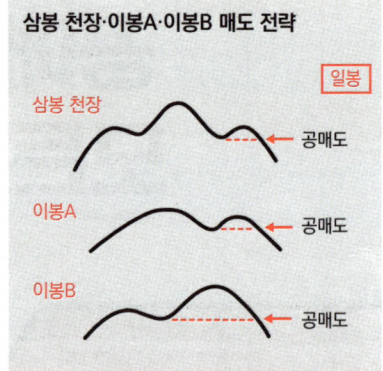

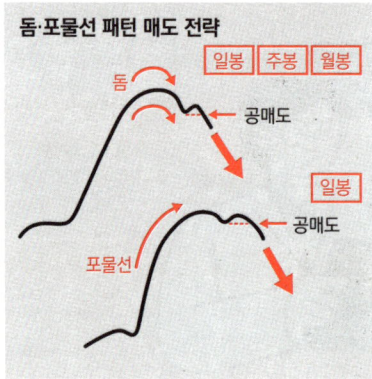

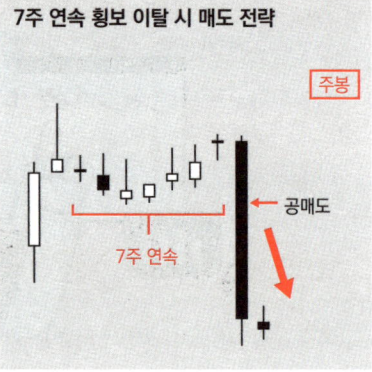

'八나팔'
매도 전략

매수와 매도는 완전히 다른 개념입니다. 매수는 앞서 설명한 것처럼 상승 에너지가 필요한 반면, **매도는 에너지가 전혀 필요 없기 때문에 거래량과도 무관합니다.**

매수는 '급격히 상승할 것 같은' 종목을, 매도는 '급격히 하락할 것 같은' 종목을 찾아 매매를 시작하는 정반대 속성을 가집니다. 따라서 **주목해야 할 캔들 차트도 180도 반전된 형태**를 보이는 경우가 많습니다.

그리고 이 '급격히 하락할 것 같은 종목'을 찾는 데 도움이 되는 것이 앞서 Chapter 05에서 설명했던 **'나쁜 캔들'**입니다. 이러한 캔들을 '매도' 관점에서 보면 **'하락할 확률이 높음을 암시하는 캔들=매도 신호'**로 해석할 수 있습니다.

그럼 이 '하락 신호를 나타내는 캔들' 중 하나인 'JI나팔'에 대해 다시 한번 자세히 알아보겠습니다.

JI나팔은 일봉 차트에서 당일 캔들과 전 영업일의 캔들, 이렇게 2개의 캔들로 구성됩니다. 당일 캔들의 몸통 부분(시가와 종가의 가격 범위, 꼬리를 제외한 부분)이 음봉이며, 시가가 전일 고가보다 높고 종가가 전일 저가보다 낮아야 합니다. 전일 캔들은 양봉이든 음봉이든 상관없지만, 당일 캔들은 반드시 음봉이어야 합니다.

JI나팔을 좀 더 자세히 분석하면 'SJI(슈퍼JI)', 'FJI(플랫JI)', 'JI'의 3가지 패턴으로 나눌 수 있습니다.

> **SJI** : 전일 고가보다 당일 시가가 높고, 종가는 전일 저가보다 낮다. 캔들로 보면 꼬리를 포함한 모든 부분을 몸통이 감싸는 형태임.
> **FJI** : 윗부분이 평평하다. 전일 고가와 당일 시가가 같음.
> **JI** : 전일 고가를 몸통이 아닌 당일 윗꼬리가 넘어서고, 전일 저가를 당일 몸통이 아닌 아랫꼬리가 하회하는 형태임.

물론 셋 다 나쁜 캔들(하락 신호)이지만 SJI와 FJI는 JI보다 더욱 강력한 하락 신호입니다. **'매도' 관점에서는 '강력한 매도 암시 신호'**이며, 특히 **신고가권에서 출현하는 경우가 매도 관점에서는 가장 좋습니다.**

하지만 여기서 한 가지 중요한 점을 짚고 넘어가겠습니다. JI나팔이 나타났다고 해서 무조건 매도해야 하는 것은 아닙니다. 이후 **C점을 어떻게 형성해나가는지 주의 깊게 살펴보고 판단**해야 합니다.

예를 들어, JI나팔 당일 캔들이 종가와 저가가 동일한 음봉으로 마감되었다면(아랫꼬리 없음) 아직 C점은 형성되지 않은 것입니다. **다음 날 시가가 전일 종가보다 높게 시작해야 비로소 전일 저가(=종가)가 C점으로 확정**됩니다.

혹은 다음 날 갭 하락으로 출발했더라도 양봉으로 마감된다면(주가가 상승한다면), 그날의 저가가 C점이 됩니다. 또한 JI나팔 당일 음봉 캔들에 아랫꼬리가 있다면, 주가가 그날 안에 반등해서 종가를 형성했다는 의미이므로, 이 **아랫꼬리의 저가 지점이 C점으로 확정**됩니다.

혹시 조금 어렵게 느껴지시나요? 그럼 여기서 힌트를 드리겠습니다. 실은 매수 전략의 'BC30'과 유사한 개념입니다. 반대로 생각하면 **'눌림'의 반대인 '반등'이 있을 때까지 C점이 확정되지 않는** 것입니다.

여기에 추가 조건이 하나 더 있습니다. 바로 **저가에서 1% 이상 반등했을 때 비로소 C점이 확정**된다는 것입니다. 네 자릿수 이상의 고가 주식도 1%면 충분합니다. 이것이 매수 전략의 30%와 다른 점이므로 주의하시기 바랍니다.

다만 **다음 날 시가가 전날 음봉 몸통의 50% 이상 높을 경우에는 이 JI나팔은 무효화된 것으로 보고** 매도는 보류합니다. 이상적인 반등 폭은 20~30% 정도입니다.

JI나팔에서 C점이 확정되면 다음 날 C점 돌파, 즉 YLO(YHO의 반대. 전일 저가 이탈)가 SP가 됩니다. LC 기준은 0.6%로 설정하고 매매를 진행합시다. 이 C점을 명확하게 파악하고 이해할 수 있다면, 매도 기술을 완벽하게 습득했다고 해도 과언이 아닙니다. **매도 시 모든 SP는 기본적으로 이 C점 이탈, 즉 YLO 시점입니다.**

장중 매매도 물론 괜찮지만, 만약 시가에 매도하지 않고 주가가 양봉으로 전환된 경우에는 시가보다 높은 가격에 매도해서는 안 됩니다.

카부키류의 매수 원칙은 "음봉에서 매수하지 마라", "갭 하락 출발 시 매수하지 마라", "힙다운일 때 매수하지 마라"입니다. **매도 원칙은 이와 정반대로 "양봉에서 매도하지 마라", "갭 상승 출발 시 매도하지 마라", "힙업일 때 매도하지 마라"**입니다.

매도는 에너지가 필요 없는 만큼 급격하게 하락하는 경우가 많아 매수보다 타이밍을 잡기가 더욱 어렵습니다. 정신을 집중해서 놓치지 말고 포착하시기 바랍니다.

사례를 살펴보면 <자료 6-1> 도요타 자동차(7203) 일봉 차트에서 2019년 3월 4일에 JI나팔이 형성되었습니다. 이때는 다음 날인 3월 5일에 갭 하락했으므로 C점은 3월 4일의 저가인 6,615엔입니다. 가장 이상적인 패턴은 1% 상승한 6,681엔까지 반등한 후 하락하는 형태입니다. 결과적으로는 이후 큰 하락 없이 속임수로 판명되어 LC 처리되었지만, 이러한 사례들을 통해 C점을 파악하는 감각을 키우도록 합시다.

JI나팔이 나타났더라도 C점을 형성하지 않고 상승하는 경우에는 매도 대상으로 삼지 않습니다. 즉 JI나팔의 출현을 단순히 즉각적인 매도 신호로 받아들이기보다는, **하나의 매도 시그널로 인식하고 이후의 움직임을 주시**해야 합니다.

Chapter 05에서 소개한 JI나팔이 나타났던 KDDI(9433)와 재팬디스플레이(6740)의 차트를 <자료 6-2>와 <자료 6-3>으로 다시 실었으니 참고하시기 바랍니다. **위험한 캔들은 반대로 생각하면 매도 신호가 되는 캔들이므로, 발상을 전환하면 매도 전략으로 활용**할 수 있습니다.

다만, JI나팔 형성 다음 날 갭 하락 출발한 경우는 예외입니다.

이 경우는 '동치일문' 전략으로 대응합시다. 갭 하락 출발했다면 시가에 매도 포지션을 취하고, 동시에 2호가 위에 GSLC(역지정가) 주문을 넣으면 됩니다. 주가가 네 자릿수 이상인 경우에는 0.6%로 설정하면 됩니다.

또한 음봉이 극단적으로 긴 JI나팔도 기본적으로 매도를 시작해서는 안 됩니다. 이때 기준은 음봉 길이가 최근 1년간 나타난 음봉들과 비교해 현저히 길어야 합니다.

이 '매도' 기법은 강력한 무기가 될 수 있으므로 꼭 마스터하시기 바랍니다.

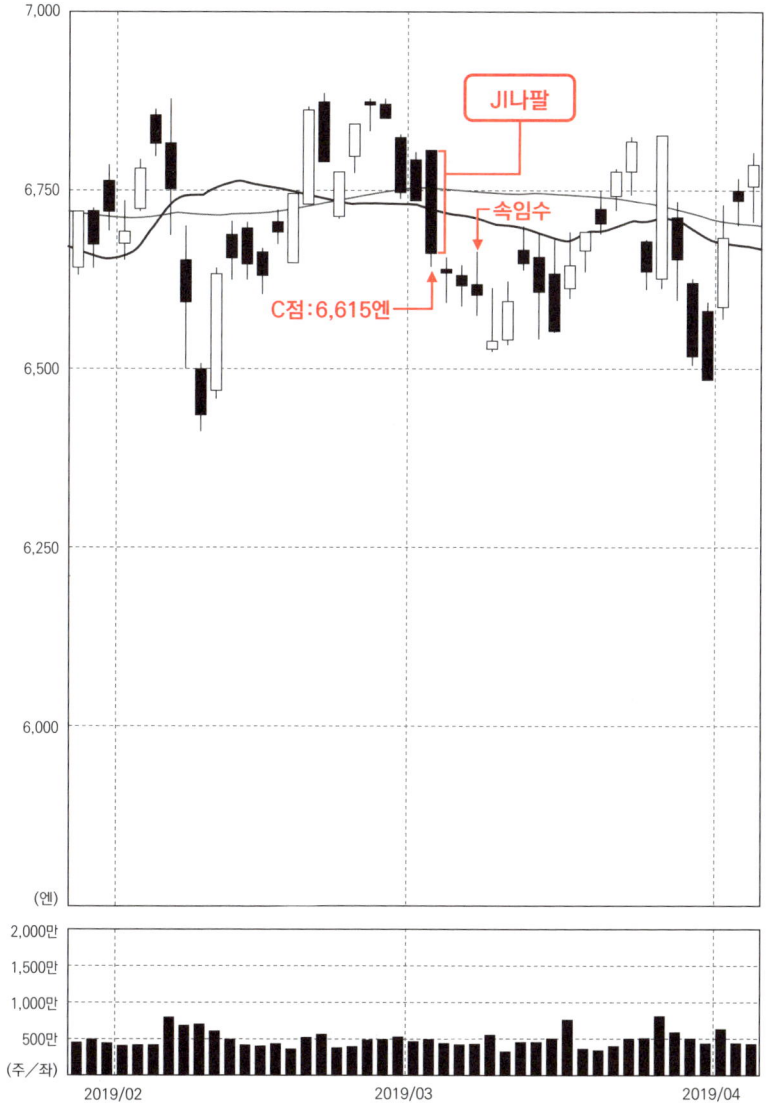

자료 6-1 'JI나팔의 매도 신호' 사례 ① 도요타 자동차(7203) 일봉 차트

자료 6-2 'JI나팔의 매도 신호' 사례 ② KDDI(9433) 일봉 차트

자료 6-3 'J١나팔의 매도 신호' 사례 ③ 재팬디스플레이(6740) 일봉 차트

'삼봉 천장·이봉A·이봉B'의 매도 전략

주식 시장에서 자주 사용되는 용어인 **'삼봉 천장'**은 가운데가 가장 높은 3개의 산 모양 패턴으로, 헤드 앤 숄더스 탑(Head and Shoulders Top) 또는 트리플 탑(Triple Top)이라고도 불립니다.

마치 가운데 석가상이 있고 양옆에 보살이 배치된 석가삼존상처럼 보인다는 뜻에서 삼존 천장(三尊天井)이라고 불리기도 하며,* 이 패턴이 고가권에서 나타날 경우 추세가 전환될 가능성, 즉 **급락할 가능성이 높습니다. 말하자면 매도 신호라고 할 수 있는 패턴**입니다.

---

* 삼존 천장은 일본에서 주로 사용하는 용어로, 국내에서는 삼중천장 또는 삼봉 천장으로 불린다. - 역자 주

특히 주가가 최고점 부근에서 나타날 때 가장 신뢰할 만한 매도 시
그널 역할을 합니다. 지속적인 상승세를 보이던 주가가 이 패턴을 기
점으로 하락세로 전환될 가능성이 크기 때문입니다.

하지만 완벽한 삼봉 천장은 사실 그렇게 자주 나타나지 않습니다.
따라서 **3개의 산 중 2개만 나타나더라도 삼봉 천장의 신호**로 파악하
자는 것이 지금부터 설명할 **'이봉A'**와 **'이봉B'**입니다.

'이봉A'는 삼봉 천장의 오른쪽 2개의 산을 잘라낸 것입니다. 큰 산
다음에 작은 산이 이어지는 형태로, **첫 번째 B점(고점)을 넘지 못하는
B′점을 형성한 패턴**입니다.

반면 '이봉B'는 왼쪽 산 2개를 잘라낸 경우로, 작은 산 다음에 큰
산이 이어집니다. **B점을 뚫고 새로운 고점인 B점(NB점)을 형성한 패
턴**입니다. 이 두 패턴 모두에서 중요한 것은 골짜기의 바닥인 저점 C
점입니다. C점이 형성되면 이 지점부터 '이봉A'나 '이봉B'가 형성되
지는 않는지 잘 관찰해야 합니다. 이때 SP는 C점을 이탈할 때입니다.
LC 기준은 0.6%, 동치일문이면 2엔에 LC해야 합니다. 급락 없이 등
락을 반복하며 지지부진한 움직임을 보일 경우, 여기는 브레이크 포
인트(추세 전환점)가 아니라고 판단하고 LC를 기다릴 필요 없이 청산해
도 좋습니다.

전반적으로 말할 수 있는 점은 **주봉 차트에서 이런 매도 신호가 나**

타나면 매우 신뢰할 수 있다는 점입니다. 따라서 일봉으로 세부 움직임을 확인하면서 주봉으로 전체 추세를 파악하는 것이 바람직합니다. 다만 **이봉A와 이봉B의 매매 시점은 주봉으로 체크하면 늦을 수 있으니 기본적으로 일봉을 기준으로 파악**해야 합니다.

먼저 '삼봉 천장'의 실제 사례를 살펴보겠습니다. <자료 6-4> 에자이(4523) 일봉 차트를 보면, 2019년 3월 20일 다음 날부터 급격히 하락해서 3월 22일과 3월 25일 이틀 연속 하한가를 기록했습니다. 이 하락 직전의 캔들을 살펴보면 희귀한 '삼봉 천장'이 나타난 것을 확인할 수 있습니다. 이것이 바로 급격한 추세 전환을 알리는 신호였습니다. 하락은 우연이 아니었던 것입니다.

<자료 6-5> 도레이(3402) 일봉 차트를 보면 2018년 11월에 '삼봉 천장'이 출현했고, 11월 28일의 저점 C점을 12월 4일에 하향 돌파한 후 크게 하락했습니다.

주가는 갑자기 대폭락하지 않습니다. 어떤 형태로든 반드시 조짐이 나타납니다. 캔들을 세밀히 관찰하면 그 조짐을 포착할 수 있고, 조짐을 포착하면 두려워하지 않고 맞설 수 있습니다. 다만 **매도 신호는 매수 신호보다 알아차리기 어려우므로 놓치지 않고 파악**하는 것이 중요합니다.

눈치채신 분도 있겠지만, '이봉A'와 '이봉B'는 중간 형태까지 카부키류의 기본인 'N'과 매우 흡사합니다. 이를 눈치챘다면 여기까지 함께하는 동안 카부키류의 기본이 몸에 배었다는 증거입니다. 'BC30'의 경우, C점 형성 후 상승하면 매수 포지션을 유지하다가 하락세로 전환되면 청산합니다. 이때 **'이제는 매도 관점으로 전환해야한다'라는 점을 명심**해야 합니다. 이 경우 SP는 당연히 C점을 하향 돌파하는 시점입니다.

실제 사례를 살펴보겠습니다. <자료 6-6> 페퍼푸드서비스(3053) 일봉 차트에서는 2019년 2월부터 3월에 걸쳐 '이봉A'가, <자료 6-7> 도쿄전력HD(9501) 일봉 차트에서는 2019년 3월에 '이봉B'가 출현했습니다.

참고로 **'이봉B'는 '이봉A'보다 더욱 강력한 매도 신호**입니다. B점을 돌파한 후 하락하는 것은 그만큼 하락 추세가 강하다는 것을 의미합니다.

하지만 이 '이봉B'는 개인 투자자의 경우, '이봉A'에 비해 매매하기 어려운 측면이 있습니다. 두 번째 산의 정상(NB점)에서 C점 이탈까지의 하락 폭이 '이봉A'에 비해 크기 때문입니다. **개인 투자자는 일반적으로 고점에 가까울수록 매도하기 쉽고, 저점에 가까울수록 매수하기 쉬운** 심리를 가지고 있습니다. 하지만 LC 기준을 명확하게 설정해두면 두려워할 필요 없습니다. 캔들을 믿고 과감하게 공략해나가시기 바랍니다.

자료 6-4 '삼봉 천장 매도 전략' 사례 ① 에자이(4523) 일봉 차트

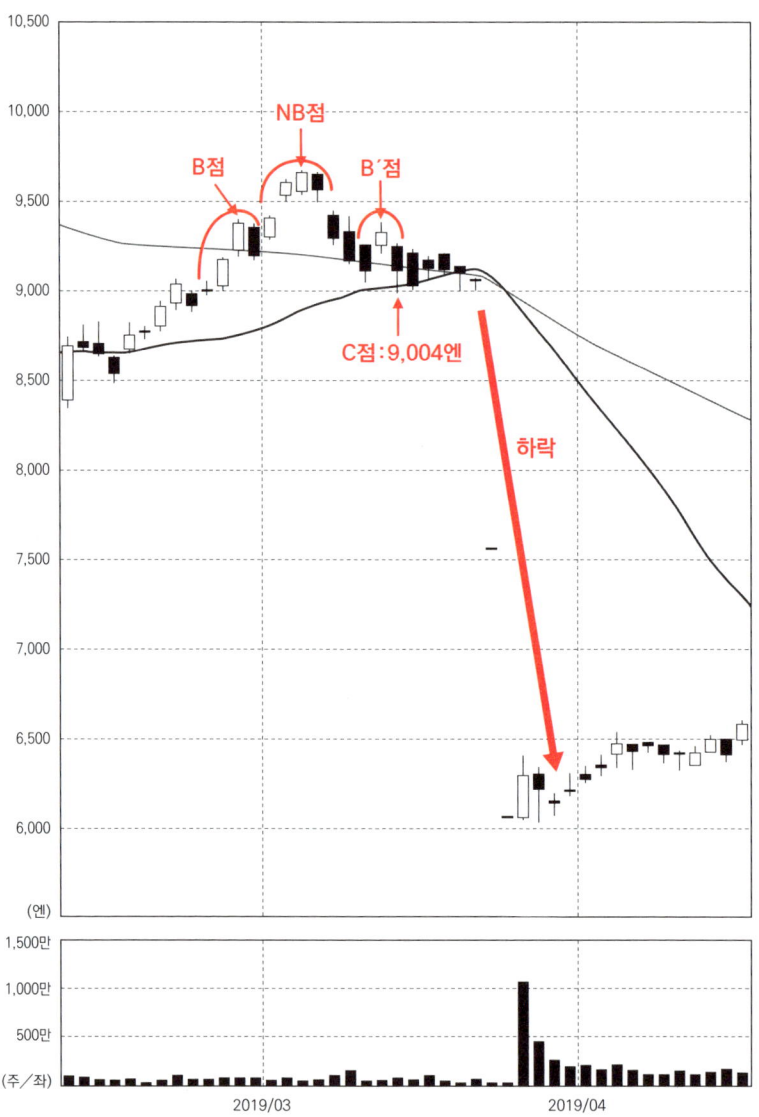

자료 6-5 '삼봉 천장 매도 전략' 사례 ② 도레이(3402) 일봉 차트

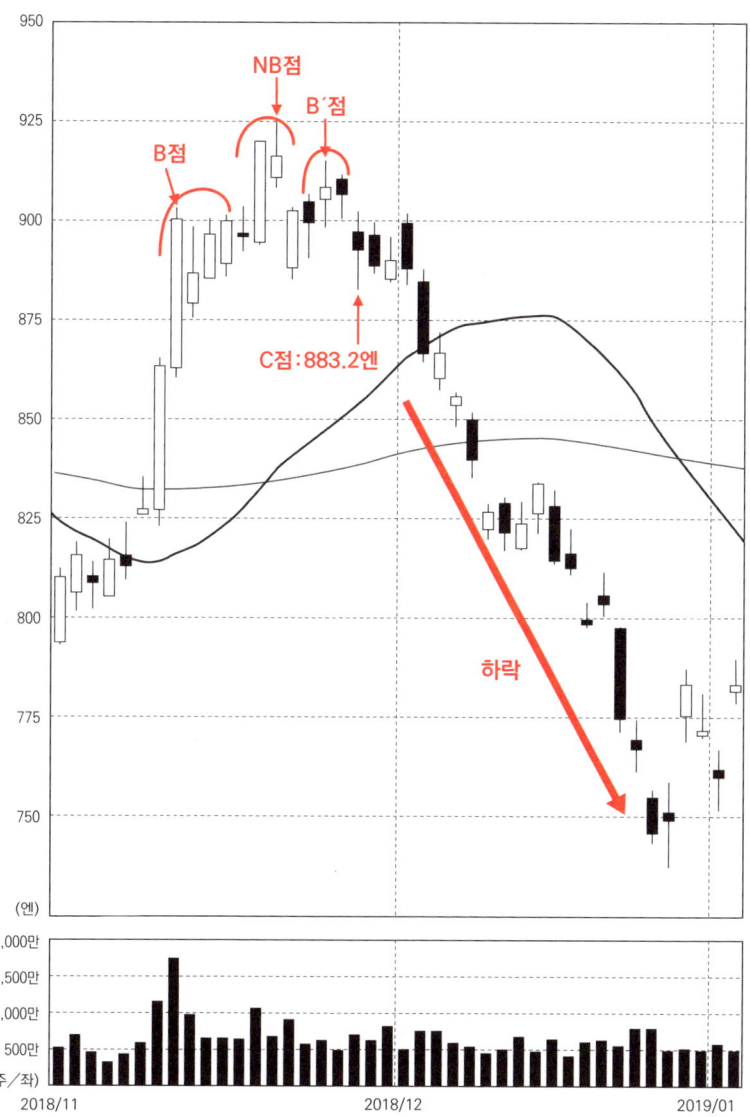

자료 6-6 '이봉A 매도 전략' 사례 ① 페퍼푸드서비스(3053) 일봉 차트

자료 6-7 '이봉B 매도 전략' 사례 ① 도쿄전력HD(9501) 일봉 차트

'돔·포물선' 매도 전략

다음은 **'돔'** 패턴 시 매도 전략입니다. 일봉, 주봉, 월봉 어느 차트에서든 고점이 돔 지붕처럼 둥근 형태를 보인다면 하락을 암시하는 나쁜 캔들이라고 설명했던 것을 기억하시나요? 즉, 이 또한 **'매도 신호'** 입니다.

다만 돔 패턴에서 **가장 어려운 점은 '어디를 C점으로 설정하느냐'** 입니다. 돔의 최고점보다 더 높은 고점을 찍지 않는 것이 가장 이상적이지만, 실제로 C점을 명확하게 인식할 수 있는 경우는 매우 드뭅니다.

C점 형성 후 급격하게 하락하는 경우도 많고, 뚜렷한 C점 없이 급락하는 경우도 있어서 패턴을 파악하기가 상당히 어렵습니다. 게다가

속임수도 많은 것이 이 패턴의 특징입니다. 그래도 이 패턴을 발견하면 체크해두고 매도 타이밍을 노리시기 바랍니다. 일단 **C점으로 추정되는 지점을 찾는 것이 중요**하므로 이 부분에 의식을 집중해야 합니다.

실제 사례를 살펴봅시다. <자료 6-8> KDDI(9433) 일봉 차트는 Chapter 05에서 소개했던 돔 패턴입니다.

앞서 설명했던 것처럼 2019년 2월 21일부터 2월 26일까지 이너 돔이 출현했습니다. 그리고 다음 날인 27일에 살짝 반등하는 모습이 보입니다. 하지만 이후 2월 21일에 기록했던 저점 2,688엔의 '지지선'을 뚫고 하락세가 이어졌습니다.

이어서 주봉 차트를 살펴보겠습니다. <자료 6-9> 르네사스 일렉트로닉스(6723)의 경우, 2018년 5월 14일 주부터 7월까지 큰 돔이 형성되었습니다. 매우 깔끔한 형태입니다.

참고로 이 돔의 시작점인 5월 14일 주와 끝점인 7월 2일 주의 저가는 완전히 동일한 1,024엔으로 **'빗장'**이 걸려 있습니다. 다음 주에는 이 빗장을 깨고 하락했다가 그다음 주에 소폭 상승해 C점을 찍고 다시 하락했습니다.

다음은 **'포물선'** 패턴 시 매도 전략입니다.

'경계선'인 포물선이 출현한 경우에도 매도 진입을 위해서는 C점을 찾는 것이 중요합니다. **포물선은 시간차를 두고 하락하는 경향이 있어** 하락세가 나타날 때까지 꾸준히 관찰해야 합니다. 이제 포물선의 실제 사례를 살펴보겠습니다.

Chapter 05에서도 소개했지만 <자료 6-10> 후루카와 전기공업 (5801) 일봉 차트를 보면 2016년 5월에 포물선이 출현했으며, 5월 26일의 저점 2,690엔을 5월 30일에 하향 돌파한 후 크게 하락했습니다.

자료 6-8 '돔 매도 전략' 사례 ① KDDI(9433) 일봉 차트

자료 6-9 '돔 매도 전략' 사례 ② 르네사스 일렉트로닉스(6723) 일봉 차트

자료 6-10 '포물선 매도 전략' 사례 ① 후루카와 전기공업(5801) 일봉 차트

Chapter 06 · [카부키류] 공매도의 모든 기술

'7주 연속 횡보 돌파' 시
매도 전략

　마지막으로 소개할 매도 타이밍은 **'7주 연속 횡보'**입니다.

　'횡보'는 주가가 일정 기간 동안 같은 가격대에 머물며 뚜렷한 상승 또는 하락 움직임을 보이지 않는 상태를 말합니다. 이 상태는 겉으로는 아무 일도 일어나지 않는 잔잔한 바다처럼 보이지만, 실제로는 착실하게 힘을 모으고 있는 상태입니다. 즉, 에너지가 **'응축되어 있는' 상태**입니다.

　따라서 일반적으로 이 횡보 상태를 벗어나면 **돌파 방향으로 급격한 가격 변동**이 일어납니다. 상방 돌파할 경우, 당연히 매수 타이밍입니다. 갭 상승이 자주 발생하므로 '동치일문' 전략을 사용합시다. 한편 하방 돌파 시에도 강력한 움직임을 동반하므로 이 경우는 '매도 타이밍'입니다.

어느 방향으로 돌파할지는 쉽게 예측하기 어렵습니다. 이때 **힌트로 삼을 수 있는 것이 바로 '7주'라는 횡보 기간**입니다. 특히 고가권에서 고점을 찍은 후 그다음 주부터 주봉 기준으로 7주 동안 횡보가 지속된다면 추가 상승은 어렵다고 봐야 합니다.

7주까지는 상승할지 하락할지 예측하기 어렵지만, 7주를 초과하면 하락 가능성이 매우 커집니다. 따라서 7주째 횡보 중인 종목에 매수 포지션이 있다면 청산하고 **매도 전략을 검토**해야 합니다.

8주째에 상방 돌파하지 못하면 하락은 거의 확실하므로 매도 포지션을 잡아도 무방하지만, 이는 다소 성급한 판단일 수도 있습니다. 따라서 이 경우 SP는 C점으로 설정하는 것이 좋습니다. 어디가 C점이 될지 신중하게 판단하고, 그 C점을 하향 돌파하는 시점에 매도 포지션을 취하는 것이 핵심입니다.

예를 들어, 다음 페이지의 <자료 6-11> 다이닛폰 스미토모 제약(4506) 주봉 차트를 보면 2018년 12월부터 2019년 1월에 고가에서 7주 이상 횡보한 후 하락하며 폭락했습니다.

또한 <자료 6-12> 고베 제강소(5406) 주봉 차트에서는 2017년 7~10월에 걸쳐 9주 연속 횡보하며 상승하지 못하다가 결국 대폭 하락했습니다.

이처럼 주가가 **고가권에서 횡보하는 기간이 7주를 넘기면 상승을 기대하기는 어렵다**는 점을 기억하시기 바랍니다.

자료 6-11 '7주 연속 횡보 돌파 시 매도 전략' 사례 ① 다이닛폰 스미토모 제약(4506) 주봉 차트

자료 6-12 '7주 연속 횡보 돌파 시 매도 전략' 사례 ② 고베 제강소(5406) 주봉 차트

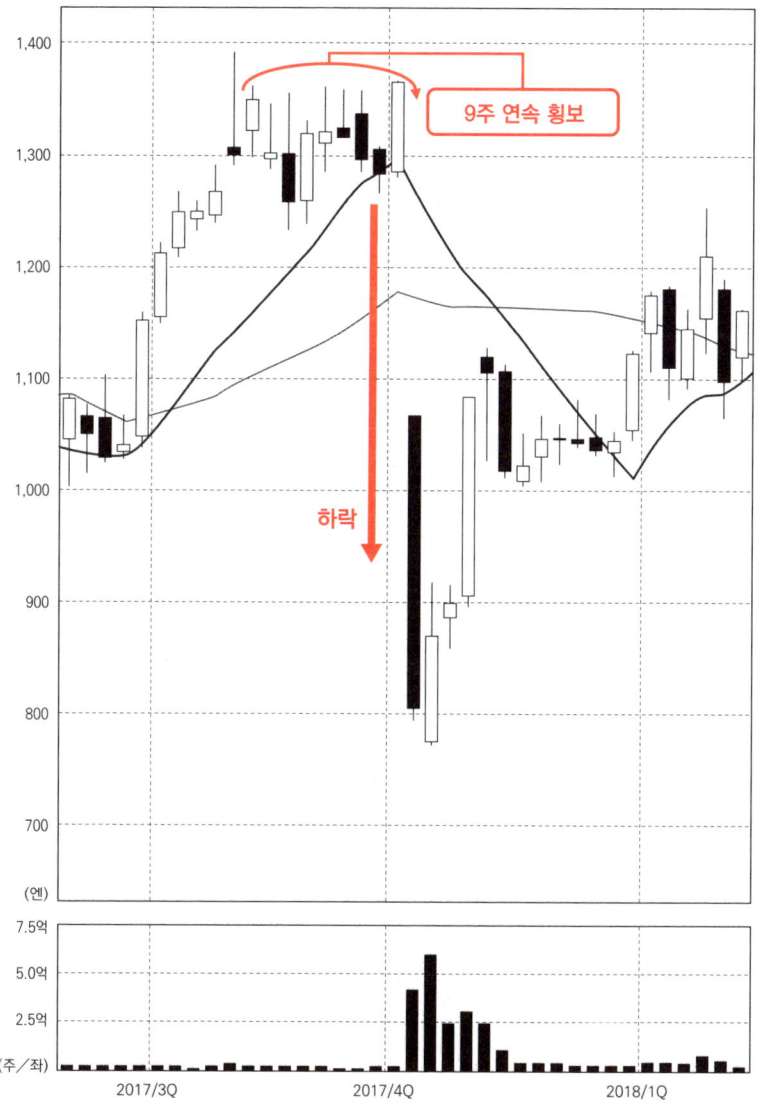

Chapter 06 · [카부키류] 공매도의 모든 기술

Chapter 07

카부키류
투자의
기본 기술

카부키류 투자 전략에서는 사전 준비가 매우 중요합니다. '거래량', '순서' 'TP', '호가', '신용 거래 동향' 등, 체크해야 할 요소가 많습니다. 여기서는 잊어서는 안 될 투자 전략의 기본 순서와 기술을 알려드리겠습니다.

투자 기술 정리 ⑦

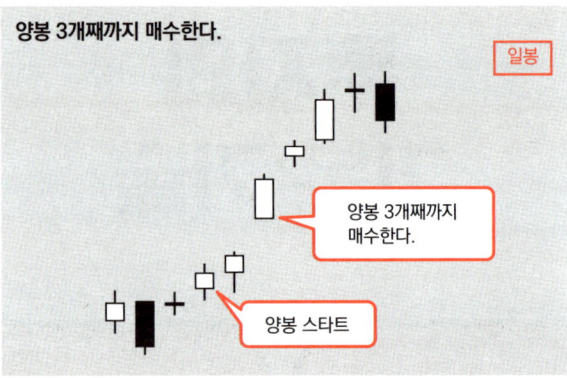

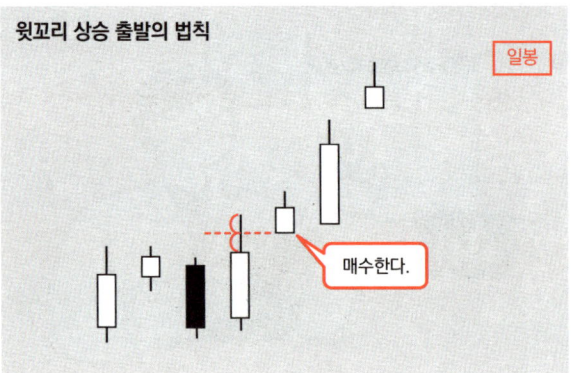

카부키류
'투자의 기본 순서'

　지금까지는 차트 패턴에 초점을 맞춰 설명해드렸으나, 이제부터는 카부키류의 기본적인 매매 순서를 간략하게 설명하겠습니다.

　사활을 건 주식 투자에서 제일 중요한 것은 **'과감함'**입니다. 망설이다가 충분한 근거도 없이 매매하거나, 매수한 주식이 하락했을 때 추가 매수하는 '물타기' 같은 소극적인 매매 전략은 금물입니다. 기술적 분석을 통해 **'이 종목은 앞으로 상승할 것 같다'**라고 판단했다면, 정확한 매매 포인트와 타이밍을 계산하고 **공격적으로 매매**하는 것이 중요합니다.

　일반적으로 투자자들은 하락장에서 '이보다 더 떨어지진 않겠지'라는 희망적인 관측이나 저평가 심리로 매수를 결정하는 경우가 많습니다.

하지만 카부키류 기법은 완전히 다릅니다. **'현재 상승 중인 종목'에 투자해서 그 종목이 추가로 상승하는 만큼 수익을 얻는** 스타일입니다. 고점에서 매수하고 고점에서 매도하는 방식이기 때문에 조금이라도 주식 투자 경험이 있는 분들은 다소 당황할 수도 있습니다.

그러나 주식 투자에서 실제로 수익을 내는 사람은 극소수에 불과합니다. 다른 투자자들과 똑같이 움직여서는 지속적인 승리를 거둘 수 없습니다. 카부키류는 몇 안 되는 '진짜로 이길 수 있는' 기술입니다.

또한 매매 시 '○○엔까지 떨어지면 산다'라는 소극적인 '지정가주문'은 절대 피해야 합니다. 그보다는 **'시장에 나와 있는 매물을 매수한다'라는 것이 기본 원칙**입니다. 즉, 시장의 매도 물량을 적극적으로 소화하는 것입니다.

'그러다 너무 높은 가격에 매수하게 되지는 않을까?'라고 우려하는 분도 있겠지만, 가격이 하락하기를 기다리는 것보다 매수 시점이 왔을 때 즉시 매수하는 것이 중요합니다. 애초에 저가에 매수할 수 있는 종목이란, 싼값에라도 팔아 치우고 싶은 사람이 많다는 뜻입니다. 즉, 그 시점에서 시장의 모멘텀은 약화되고 있다는 증거입니다. 그런 주식에 투자해봤자 수익을 기대하기는 어렵습니다.

앞서 말씀드렸듯이, 시장에는 **'생선의 머리와 꼬리는 남에게 주어**

라'라는 격언이 있습니다. 머리부터 발끝까지 전부 차지하려고 욕심내지 말고 가장 맛있는 가운데 부분만 얻으면 된다고 생각합시다.

   매수한 종목을 매도하는 타이밍도 중요합니다. 상승하는 동안에는 보유를 유지하되 저점이 낮아지는 '힙다운' 현상이 나타나는 순간 즉시 청산하는 것이 철칙입니다.

   이후 다시 상승세로 전환되어 '좀 더 가지고 있을 걸…'이라는 아쉬움이 들 수도 있지만, 어쩔 수 없습니다. 리스크를 최소화하는 것이 장기적으로 수익을 실현할 수 있는 가장 확실한 방법입니다.

   '수익은 최대화하고 손실은 최소화하는 것'이 계속 승리할 수 있는 유일한 방법입니다.

① 거래량은 100가지 단점을 가린다

"필승 패턴도 찾았고 정확한 SP도 확인했으니 이제 매매를 시작하자!"

   잠깐, 그 전에 꼭 확인해야 할 것이 있습니다. 바로 **'거래량'**입니다. 매매할 때는 이 거래량이 눈에 띄게 증가하고 있는지 확인하는 것이 필수조건입니다. 거래량이란, 매수와 매도가 체결된 주식 수를 말합니다. 거래량 증가는 **거래가 활발하다는 증거**이며, 향후 **주가 상승이 지속될 가능성이 크다는 신호**입니다.

반면 차트에 다소 우려되는 부분이 있더라도 전례 없는 폭발적인 거래량을 동반한 양봉이 나출현했다면 매수를 고려해볼 만합니다. 특히 역대 최고 수준의 경이적인 거래량이 양봉과 함께 나타났다면, 이론적인 분석은 잠시 접어두고 SP를 파악해 즉시 매수해야 합니다. **'거래량은 100가지 단점을 가린다'**라는 점을 잊어서는 안 됩니다.

거래량이 동반되지 않는 상승은 상승력이 부족하므로 차트가 아무리 좋아 보여도 기본적으로 매매는 보류해야 합니다. 또한 거래량을 동반한 하락은 매우 위험한 패턴이므로 절대 손을 대서는 안 됩니다. 이처럼 시장에서는 거래량이 생명입니다. **'거래량이 동반되지 않는 상승은 좋지 않다', '거래량을 동반한 하락은 위험하다'**, 이 2가지 원칙을 반드시 기억하시기 바랍니다.

그렇다면 특정 종목이 본격적으로 상승하기 위해서는 구체적으로 **하루에 최소 어느 정도의 거래량이 필요**할까요? 이것 또한 계산하는 방법이 있습니다. 우선 최근(몇 개월~몇 년 정도)의 '월봉' 거래량을 확인하고 최고 거래량을 찾아봅시다.

이때는 '양봉인 월봉'만 체크하면 됩니다. 아무리 거래량이 많아도 음봉은 무시하세요. 이 거래량을 평균 영업일 수 20으로 나눴을 때, 현재 '일봉' 거래량이 그 수치의 70% 수준이면 매수하기 좋은 시점입니다.

계산식으로 표현하면 **'과거 월봉 양봉의 최고 거래량÷20×0.7'**입니다.

당일 거래량은 시가(그날의 첫 거래) 전 **'시장가 매수 주문' 수량의 최소 10~20배 수준**이 될 것으로 예상하면 됩니다. 구체적으로 시가에 100만 주의 시장가 매수 주문이 있다면 그날 총거래량은 최소 1,000~2,000만 주 정도가 될 것입니다.

반대로 생각하면 앞서 계산한 **필요 거래량의 5~10% 수준의 시장가 매수 주문이 존재한다면 매수 조건은 충족되었다는 뜻**입니다.

그럼 역사적이고 경이로운 거래량의 사례를 살펴봅시다. 가장 인상적인 사례는 <자료 7-1> 쇼와전공(4004)의 2017년 4월 25일 일봉입니다. 이때는 주식 병합* 후이기 때문에 이 거래량을 병합 전으로 환산하면 8,690만 주(병합 후는 869만 주)이므로, 이 거래량을 병합 전으로 환산하면 무려 8,690만 주(병합 후는 869만 주)입니다.

그때까지 과거 20년간 일일 최대 거래량은 2013년 4월의 5,600만 주(병합 후는 560만 주)였는데, 이를 크게 웃도는 수치입니다. 이것만 봐도 얼마나 경이적인 수치인지 짐작할 수 있을 것입니다. 이러한 거래량은 향후 반드시 주가 상승에 큰 영향을 미칩니다. 실제로 해당 종목은 급격한 상승세를 보였습니다.

---

* 주식 병합이란 여러 주를 1주로 합치는 것으로, 쇼와전공은 2016년 7월에 10주를 1주로 병합했다. - 역자 주

다음으로 <자료 7-2> 온코세라피 사이언스(4564) 일봉 차트를 살펴봅시다. 2014년 10월 24일에 2억 2,327만 주라는 거래량을 기록했습니다. 당시 260엔대였던 주가는 급등해서 11월 27일에는 736엔이라는 고점을 기록했는데, 이러한 상승의 전조가 바로 이 경이적인 거래량입니다. 이런 신호들을 놓치지 않도록 주의를 기울여야 합니다.

<자료 7-3> 도쿄전력HD(9501) 사례도 주목할 만합니다. 2013년 4월 15일에 7억 2,893만 주라는 신기록을 세웠는데, 흥미로운 점은 바로 전날인 4월 12일에도 5억 1,571만 주로 당시 최고 거래량을 경신했다는 것입니다.

마지막으로 <자료 7-4> 미쓰비시 화공기(6331) 일봉 차트를 살펴봅시다. 2014년 6월 27일에 2억 2,250만 주(병합 후는 2,250만 주)의 거래량이 발생했습니다. 사실 전날인 6월 26일의 6,651만 주(병합 후는 665만 주)도 과거 최고 기록이었습니다. 이 종목 역시 이후 급상승을 보였습니다.

이처럼 **역대급 대량 거래가 발생하면 반드시 공략에 나서야 합니다.** 장 초반에 대량 거래가 발생했다면 무조건 주목하고, SP를 파악해서 매매를 시작하시기 바랍니다.

나이트라도 당일 밤의 거래량 랭킹만 체크하면 충분합니다. 압도적인 거래량이 발생했다면 해당 종목의 과거 거래량을 '양봉 월봉' 기준으로 검증해보시기 바랍니다.

자료 7-1 '거래량' 사례 ① 쇼와전공(4004) 일봉 차트

Chapter 07 · [카부키류] 투자의 기본 기술 **205**

자료 7-2 '거래량' 사례 ② 온코세라피 사이언스(4564) 일봉 차트

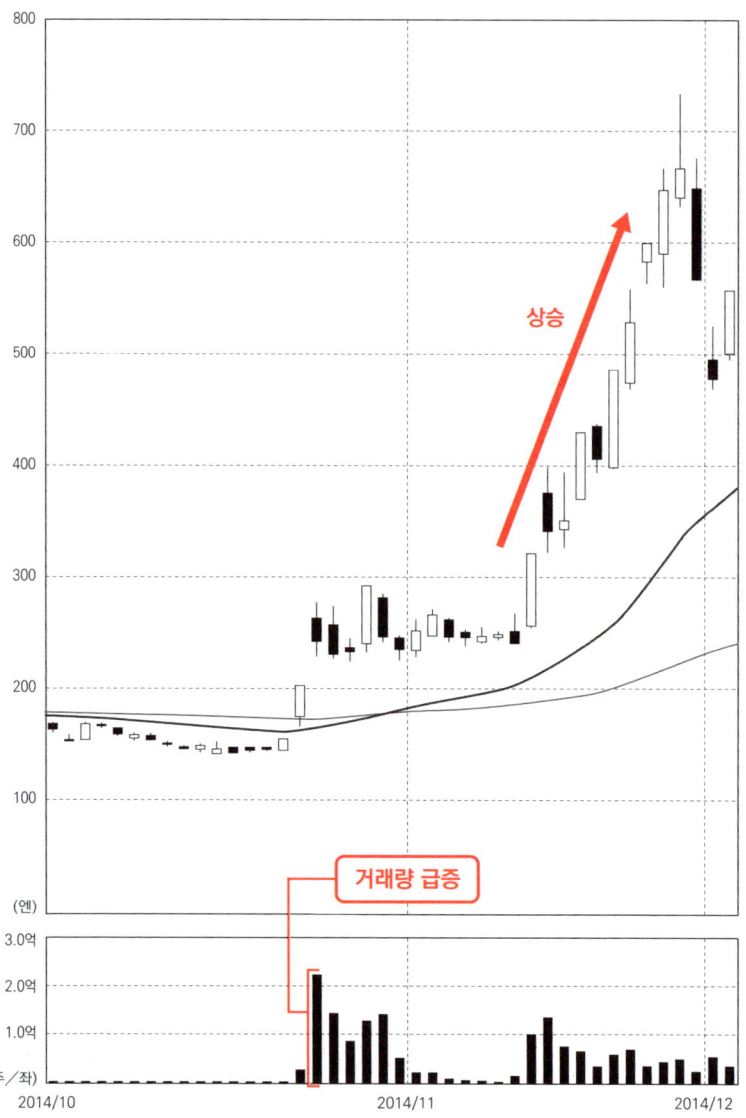

자료 7-3 '거래량' 사례 ③ 도쿄전력HD(9501) 일봉 차트

Chapter 07 · [카부키류] 투자의 기본 기술 **207**

자료 7-4 '거래량' 사례 ④ 미쓰비시 화공기(6331) 일봉 차트

② 이등주·삼등주의 유혹을 떨쳐라

급상승한 인기 종목에 투자할 시기를 놓쳤을 때, 같은 업종의 다른 종목에 눈길이 가는 것은 자연스러운 일입니다. 하지만 이런 종목에 투자해서는 큰 수익을 얻기 어렵습니다. 그 이유는 무엇일까요? 바로 그 종목들이 **'이등주·삼등주'**이기 때문입니다.

이등주·삼등주는 **동일 업종 내에서 주가 움직임이 뒤처진 종목**을 말합니다.

구체적으로 예를 들자면, 다이세이 건설이 크게 상승했는데 급등세를 놓쳤을 때, 아직 크게 오르지 않은 오바야시구미나 시미즈 건설, 카지마 같은 동종업계 주식을 사고 싶어집니다. 또는 미쓰이 스미토모 은행이 크게 상승한 후에는 리소나HD나 미즈호FG에 투자하고 싶어집니다.

개인 투자자들에게는 이처럼 아직 상승하지 않은 종목을 찾아가는 심리가 있습니다. 하지만 이런 투자 습관은 버려야 합니다. **이등주, 삼등주에 안주하는 종목이 아닌, 반드시 선두를 달리는 '일등주'를 노려야 합니다.**

주가를 분석할 때는 개별 종목뿐 아니라 **업종 전체의 동향을 폭넓게 파악하는 것이 중요**합니다.

개별 종목과 더불어 시장 전체를 보는 안목을 키우시기를 바랍니다.

③ TP를 정하고 매매한다

앞서 설명해드렸듯이 보유 주식이 약세로 전환될 때는 신속한 LC가 필요하며, 동일 가격으로 매매를 시작할 경우에는 시가보다 2호가 아래에 GSLC(역지정가) 주문을 넣어야 합니다.

카부키류에서 LC는 매우 중요한 요소입니다. **'손절매 시점을 얼마나 빠르게 판단하느냐'가 성패를 좌우**합니다.

LC와는 반대로 **이익 확정 타이밍을 잡는 것이 바로 TP**입니다. TP는 이 가격까지 주가가 상승하면 청산한다는, 일종의 기준점과 같습니다. 단, TP는 어디까지나 기준점일 뿐, TP를 넘어서도 상승세가 지속될 경우에는 상황을 주시하며 보유를 유지합니다. 다시 말씀드리지만, **손실은 최소화하고 이익은 극대화**하는 것이 중요합니다.

청산 시점은 상승하던 주가가 하락세로 전환될 때입니다. 만약 TP에 도달하지 못하고 하락세로 전환된다면 지체 없이 매도해야 합니다.

TP 설정에는 다양한 방법이 있으나 **기본적으로 주봉을 기준**으로 합니다.

'BC30'을 예로 들어 설명하겠습니다. 먼저 N 형태에서 산출한 A점(양봉 시가)과 B점(고가)의 가격 폭을 측정합니다. 이후 하락했다가 다시 상승해서 B점과 동일한 가격이 된 시점(A_2점)에 ①의 가격 폭을 더한 값이 TP가 됩니다. **B+(B-A)라는 간단한 계산식으로 산출할 수 있**

자료 7-5 TP 측정법

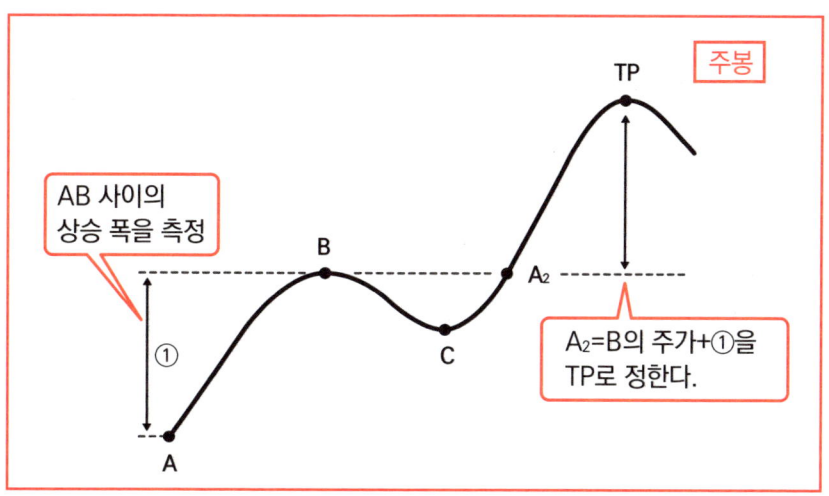

습니다.

대략 같은 가격 폭만 되면 되니 손가락으로 대충 측정해도 괜찮습니다. 이 TP 또한 **매매를 시작할 때 반드시 고려**해야 할 중요한 요소입니다.

④ 호가창 분석으로 큰손 투자자의 심리를 파악한다

인터넷 증권사의 주문화면에서 볼 수 있는 **'호가창'**을 통해서도 많은 것을 알 수 있습니다. 이 **'호가창 분석'** 또한 주식 투자를 할 때 매우 중요한 기술입니다.

화면 중앙의 현재가를 중심으로 상단에는 매도 수량, 하단에는 매수 수량이 표시되어 있습니다. 말하자면, '이 가격에 사고 싶다', '이 가격에 팔고 싶다'라는 희망 수량을 보여주는 것입니다.

일반적으로 하단에 매수 지정가주문이 많은 것, 즉 '매수 호가가 두터운' 것이 매수 수요가 많아서 긍정적인 신호로 해석되지만 **제가 보기에는 완전히 반대**입니다. 실제로는 **매도 호가가 두터운 종목이 상승**하는 경우가 많습니다. 매도 물량이 많지 않으면 필연적으로 시장 참여자가 늘어나지 않기 때문입니다.

생각해보면 아시겠지만, 기관 투자자들은 충분한 매도 물량이 없으면 그 종목을 매수하지 않습니다. 이 대량 매수세가 유입되지 않으면 주가는 크게 상승하기 어렵습니다.

또한 호가창 하단에 대량의 매수 주문이 쌓여 있다는 것은 '싸면 사겠다'라는 소심한 투자자가 많다는 것을 의미합니다. 즉, 상승세를 기대하기 어려운 종목이므로 매수 대상에서 제외해야 합니다.

자료 7-6 호가창 예

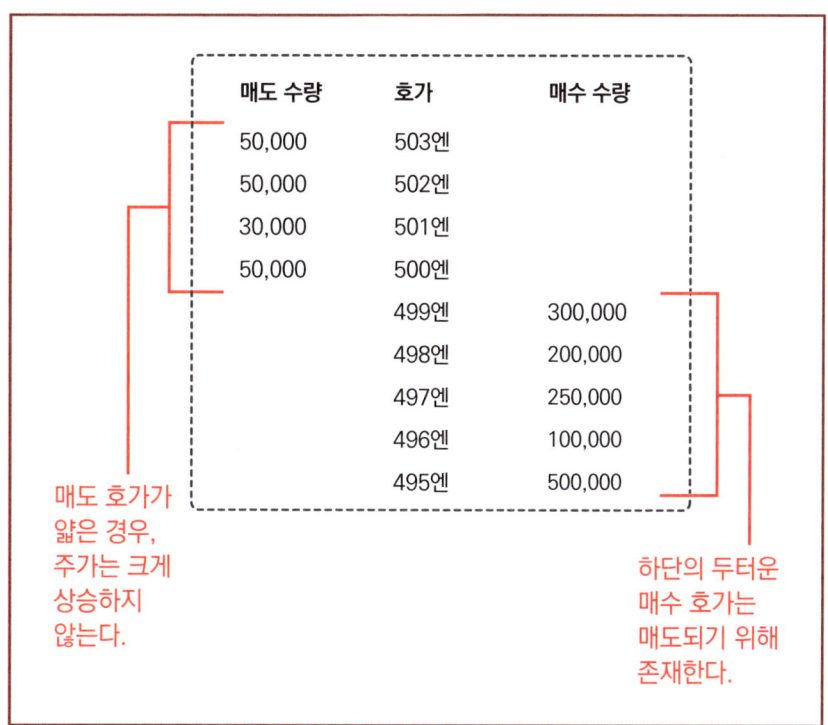

 상단의 두터운 매도 호가는 매수되기 위해 존재하고, 하단의 두터운 매수 호가는 매도되기 위해 존재합니다. 카부키류에서는 이 점을 머릿속에 새겨 넣어야 합니다.

 특히 상승장에서 장 시작 시 **'9시 00분 00초에 체결되지 않고 매도 호가만 쌓이며 갭 하락 하는'** 패턴은 위험신호입니다. 이때는 일단 청산하는 것이 좋습니다.

⑤ 신용 거래 동향으로 미래 수요를 파악한다

마지막으로 한 가지 더 확인해야 할 것은 '**신용 거래 동향**'입니다.

신용 거래를 이용하는 투자자들의 움직임은 주가에 큰 영향을 미치므로 간과해서는 안 됩니다. 신용 거래 동향 또한 온라인 증권 거래 플랫폼을 통해 확인할 수 있습니다.

이상적인 신용 거래 동향은 주가 상승과 함께 신용 거래 '매수 잔고'가 증가하는 것입니다. 신용 거래의 매수세와 매도세가 균형을 이루거나 매도 잔고가 증가하는 경우는 바람직한 상황이라고 볼 수 없으므로 매수를 보류합니다.

일반적으로 공매도 증가는 향후 매수 수요 증가를 의미하는 긍정적인 신호로 여겨지지만, 카부키류에서는 '매도 우위' 상황을 좋은 신호로 보지 않습니다. 여기서 중요한 것은 '주가 상승과 함께'라는 부분입니다. **'주가 하락과 함께 신용 거래 매수 잔고가 증가하는 것'은 약세 투자자들이 물타기를 하는 상황**으로 해석되므로 매수를 피해야 합니다.

5가지 장세 감각
'OAHK&I'의 법칙

지금까지 설명한 여러 매매 원칙을 토대로 시장을 읽기 위해 개발해야 할 감각이 있습니다. 바로 'OAHK&I'입니다.

'OAHK&I'는 **'O=미심쩍다', 'A=수상하다', 'H=이상하다', 'K=석연치 않다', 'I=있다'**라는 5가지 감각을 말합니다.* 시장을 관찰하면서 평소와 다른 뭔가가 느껴진다면 그 감각을 소중히 여기시기 바랍니다.

'왜 이런 구간을 돌파하는 걸까=미심쩍다', '왜 아무리 매도 물량이 쏟아져도 이 가격에서 계속 매수 주문을 넣는 걸까=수상하다', '왜 이렇게 큰 매도 물량을 던지는 걸까=이상하다', '뭔가 평소와 달라=석

---

* 일본어로 미심쩍다=可笑しい(okashii), 수상하다=怪しい(ayashii), 이상하다=変(hen), 석연치 않다=臭い(kusai), 있다=いる(iru)이므로 각 단어의 머리글자를 조합하면 OAHK&I가 된다. - 역자 주

연치 않다'와 같이 **평상시와 다른 변화의 전조를 확실하게 포착하는 것이 중요**합니다.

'I'='있다'는 '대량 매수세가 있다'는 의미입니다. 예를 들어, 특별한 이유 없이 거래량이 폭발적으로 증가한다면, '정보력이 뛰어난 큰손 투자자가 재료를 확보하고 매수에 나섰다'라고 판단해야 합니다. 즉 **지수의 움직임과 무관한 독자적인 움직임을 찾아내는 것**입니다.

장중 매도 호가의 변화를 주시하면서 '지수가 시가보다 200엔이나 낮게 시작했는데 왜 이 종목은 갭 상승일까?', '지수가 200엔이나 상승했는데 왜 이 종목은 마이너스일까?' 같은 의문을 품는 것은 매우 중요합니다.

장중 시세를 볼 수 없는 나이트도 일봉 분석만으로 충분한 정보를 얻을 수 있습니다. 그날의 캔들과 거래량을 보고 "왜 이 가격대를 돌파하는 걸까?", "왜 이 가격대를 이탈하는 걸까?", "왜 이렇게 거래량이 많은 걸까?"와 같은 질문을 던져봅시다. **시장을 꾸준히 관찰하면서 안목을 키우는 것이 중요**합니다.

일봉에서 이 'OAHK&I의 법칙'을 발견했다면, 해당 종목의 월봉과 주봉을 자세히 살펴보세요. 그리고 어디에서 매수할지 종합적으로 판단해 투자 결정을 내리기 바랍니다.

매매는 금기
'횡보'

지금까지 여러 번 등장했던 단어지만, **'횡보'**라는 개념은 매우 중요하므로 다시 한번 자세히 짚고 넘어가겠습니다.

'횡보'란, **주가가 한동안 같은 가격대에 머물면서 뚜렷한 상승이나 하락 없이 유지되는 상태**를 말합니다. 카부키류에서는 '횡횡' 상태라고 부르기도 합니다.

3일 T 같은 '수렴' 형태도 짧은 횡보로 볼 수 있지만, 정체 기간이 2~3년 지속되는 장기 횡보에는 반드시 주목해야 합니다. 절대 눈을 떼서는 안 됩니다.

주목해야 하는 이유는 주가가 **바닥권(대바닥권)에서 횡보하다가 상향 돌파할 경우, 강력한 상승세를 보일 가능성이 매우 크기 때문**입니다.
이때 횡보 구간의 변동 폭이 좁을수록, 그리고 횡보 기간이 길수록 더욱 강력한 상승으로 이어질 수 있습니다.

반대로 하향 돌파 시에는 각별한 주의가 필요합니다. 이런 상황에서는 매수를 절대 삼가야 합니다. 횡보 기간의 길이는 돌파 후 가격 변동 폭과 비례하므로, **하향 돌파 이후에도 추가적인 급락이 예상**되기 때문입니다.

고가권에서는 **2~3주간 횡보를 거친 후 상향 돌파하는 패턴이 가장 이상적**입니다. 상향 돌파를 기대할 수 있는 횡보 기간은 7주가 한계입니다. 이 기간을 넘어서면 상승 전환은 기대하기 어렵다고 보시면 됩니다.

실제 사례를 살펴보겠습니다. <자료 7-7> 도쿄도 경마(9672) 월봉 차트 2010년 2월부터 2012년 12월까지를 참조하세요. 이 종목은 정말 다양한 캔들의 교과서입니다.

2011년 3월 11일 대지진 당시 일시적으로 76엔(병합 후에는 760엔)까지 오버슈팅이 발생했지만, 이 아랫꼬리를 제외하면 하단 99엔(병합 후에는 990엔), 상단 133엔(병합 후에는 1,330엔)의 좁은 구간에서 2년 10개월간 횡보했습니다. 그 후 2013년 1월에 장기 횡보를 상향 돌파하며 그동안 쌓인 에너지를 한꺼번에 분출하듯 상승했습니다.

이처럼 오랫동안 정체되어 있던 주가가 대량 매수세를 동반하며 강력한 상향 돌파를 보이고 시가가 높게 형성될 때, 이 **'장기 횡보 상향 돌파'** 전략을 활용해 과감한 매수에 나서야 합니다. 특히 A클래스 종목에서 이런 움직임이 나타난다면 절호의 기회입니다.

단, **주가가 '움직인 이후'에 매수하는 것이 철칙이며, 횡보 중에는 매수를 피하고 관망하는 것이 좋습니다.**

횡보장에서 상향 돌파는 갑작스럽게 일어나므로, 이를 놓치지 않으려면 Chapter 03의 2에서 설명한 봉화 등을 신호 삼아 장 시작 전에 호가를 철저히 마크해야 합니다.

자료 7-7 '횡보 상향 돌파' 사례 도쿄도 경마(9672) 월봉 차트

늦어도
'세 번째 양봉까지는 매수를 결정할 것'

차트에서 힙업 양봉이 연속적으로 나타나며 상승하는 경우가 있습니다. 이런 상황에서는 매수 충동이 생기기 마련입니다.

하지만 양봉이 계속 이어진다고 해서 무작정 매수해서는 안 됩니다. **반드시 세 번째 양봉이 형성되는 시점까지는 매수해야 한다는 것을 철칙**으로 삼아야 합니다. 네 번째나 다섯 번째에서 매수하면 너무 늦습니다.

'삼공' 항목에서 3회 연속 '갭 상승 출발' 패턴에 대해 다룬 적이 있습니다만, 이 '세 번째 양봉까지는 매수한다'라는 것은 **갭 상승 출발에 국한되지 않고 고가권이나 저가권에 관계없이 힙업 양봉이 연속으로 출현할 때 적용되는 원칙**입니다.

네 번째나 다섯 번째 양봉이 출현할 때쯤이면 이미 그 이전에 적절한 매수 시점이 있었을 것입니다. 이 시점에 매수하는 것은 이론적 판단이 아닌, 충동적인 행위입니다.

시장 분위기가 매우 좋을 때는 다소 늦게 매수해도 괜찮을 수 있지만, 시장 분위기가 좋지 않을 때는 절대 피해야 합니다. 큰 수익을 내기 어렵고 손실 위험도 커지기 때문입니다.

대체로 3일째가 매수 타이밍이지만 예리한 투자자는 양봉 2일째에 상승 조짐을 포착하고 매수하기도 합니다. 다만 너무 일찍 매수하면 긴 아랫꼬리가 형성되어 손절매로 이어질 수 있으니 주의해야 합니다. 반대로 **매도는 음봉 3개째까지가 원칙**입니다.

<자료 7-8> 화낙(6954) 일봉 차트를 보시죠. 2016년 10월 4일의 양봉을 시작으로 5개의 양봉이 연속으로 나타났습니다. 이런 경우, 10월 6일의 양봉까지가 매수 시점입니다. 다음 날인 10월 7일 매수는 이미 늦었다고 봐야 합니다.

<자료 7-9> 더블인버스(1357) 일봉을 살펴보면, 2018년 12월 18일부터 양봉이 5개 연속으로 출현했습니다. 세 번째 양봉에서 매수한 경우와 다섯 번째 양봉에서 매수한 경우, 수익률의 격차는 매우 뚜렷할 것입니다.

자료 7-8 '양봉 3개째까지 매수한다' 사례 ① 화낙(6954) 일봉 차트

Chapter 07 · [카부키류] 투자의 기본 기술 **223**

자료 7-9 '양봉 3개째까지 매수한다' 사례 ② 더블인버스(1357) 일봉 차트

224 카부키류 기술적 분석을 활용하면 주식 투자가 보인다

대상승장 후에 주의해야 할 '정리의 법칙'

카부키류가 선호하는 투자 종목은 주로 유동성이 높은(매매가 활발한) 대형주입니다. **매도 물량이 부족하면 원하는 시점에 원하는 만큼 주식을 매수할 수 없기 때문**입니다. 또한 소형주 투자로는 자금을 크게 늘리기가 어렵습니다.

매매 활성화 여부는 '발행 주식 수', '거래 대금', '경상 이익 또는 영업 이익', '매출액' 등을 종합적으로 고려해서 판단하는데, **특히 중요한 것은 카부키류의 '슈퍼 A클래스'와 'A클래스'로 분류된 종목**들입니다.

'슈퍼 A클래스'와 'A클래스'에 속하는 53개 종목은 부록에 상세히 수록했으니 참고하시기 바랍니다. 주식 투자를 처음 시작하는 분은 우선 이 두 클래스를 중심으로 차트를 살펴보는 것을 추천합니다.

다만 예외도 있습니다. **어떤 종목이든 대상승장**(큰 폭의 가격 상승, 큰 거래량)**을 경험한 종목은 이후 일정 기간 동안 매매를 피해야 한다는 원칙입니다. 이것을 '정리의 법칙'**이라고 합니다.

예를 들어, <자료 7-10> 소프트뱅크 그룹(9984) 월봉 차트를 살펴보면, 2000년 2월에 대상승장을 기록했습니다. 이 대상승장은 1998년 11월 당시 5,179.5엔(분할 후 현재 가격 575.5엔)에서 시작해 2000년 2월에는 당시 가격으로 198,000엔(현재 가격 22,000엔)까지 치솟은 후 급격히 하락했습니다.

이처럼 **급격한 시세 변동 후에는 시장이 정상화될 때까지 해당 종목을 피하는 것이 현명**합니다.

그렇다면 언제쯤 '정상으로 회복됐다 = 정리가 끝났다'라고 판단할 수 있을까요? 기준은 **'상승배율을 반으로 나눈 햇수'**입니다.

소프트뱅크 그룹의 경우 38배 상승했으므로, 이를 반으로 나누면 19년, 즉 정리가 완료될 때까지 약 19년이 필요합니다. 따라서 소프트뱅크 그룹은 2019년에 정리가 완료된다고 볼 수 있습니다.

'정리'의 개념을 좀 더 구체적으로 설명해드리겠습니다.

거래량을 동반한 대상승장은 고점에서 매수한 투자자들이 많다는 것을 의미합니다. 이후 주가가 폭락하면 이 투자자들은 손실을 감당하지 못해 장기간 주식을 보유하게 됩니다. 이들이 체념하고 매도를 결정하기까지는 상당한 시간이 필요합니다. 주가가 조금만 회복되어도 손실을 만회하기 위해 매도세가 출회되어 다시 하락하는 패턴이 반복됩니다.

매도 물량이 모두 소진될 때까지 시장은 정상화되지 않습니다. 이러한 이유로 **거래량을 동반한 대상승장을 경험한 종목은 가까이하지 않는 것이 좋습니다.** 이 원칙을 반드시 기억하시기 바랍니다.

또 다른 사례를 살펴봅시다. <자료 7-11> 케네딕스(4321) 월봉 차트를 보면, 2012년 9월 77엔에서 시작해 2013년 4월 고가 849엔까지 약 11배 상승했습니다. 이를 반으로 나누어 정리까지 약 5년 반이 소요될 것으로 계산하면, 2018년 11월경에 정리가 완료된다는 결과가 나옵니다.

따라서 소프트뱅크와 마찬가지로 이 시점 이후부터는 시장이 정상화되었다고 간주하고 평소대로(다소 신중하게) 매매를 재개해도 좋습니다.

이처럼 **새로운 종목에 투자할 때는 과거 대상승장 경험 여부를 반드시 확인**하시기 바랍니다.

자료 7-10 '정리의 법칙' 사례 ① 소프트뱅크 그룹(9984) 월봉 차트

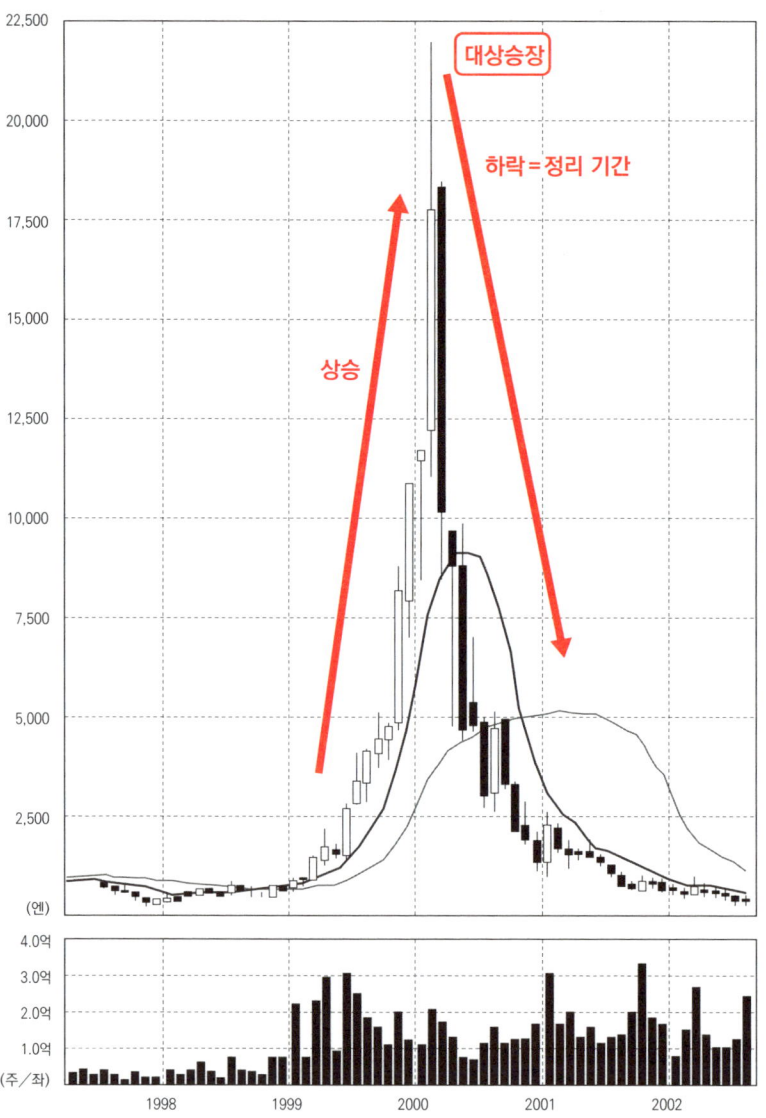

자료 7-11 '정리의 법칙' 사례 ② 케네딕스(4321) 월봉 차트

Chapter 07 · [카부키류] 투자의 기본 기술 **229**

갭 상승 출발 후 대폭 하락했을 때
'덮어쓰기 정리의 법칙'

이번에는 며칠 단위의 짧은 기간에 적용되는 **'덮어쓰기 정리의 법칙'**을 알려드리겠습니다.

어떤 호재로 인해 주가가 크게 갭 상승했으나 장 시작과 동시에 고점에서 큰 폭으로 하락하는 케이스입니다. 거래량도 큰 폭으로 증가했다면 차트에는 긴 음봉이 형성됩니다. 이 경우에도 며칠 동안 조정이 완료될 때까지 기다려야 합니다.

이때는 **거래량을 기준으로 판단해서 누적 거래량이 당일 거래량의 60%에 도달하면 정리가 완료된 것으로 간주**합니다.

교과서적인 사례로 <자료 7-12> 아이플(8515) 일봉 차트를 들 수 있습니다. 2014년 4월 21일을 보면 전일 4월 18일 종가에서 갭 상승해서 391엔으로 출발, 시초가에서 상한가를 기록했으나 종가는

346엔으로 하락하며 장대음봉 덮어쓰기(갭 상승 출발 후 동치일문의 장대음봉)를 형성했습니다.

거래량은 무려 1억 6,600만 주에 달합니다. 다음 날인 4월 22일의 거래량은 9,443만 주입니다. '덮어쓰기 정리의 법칙'에 따라 계산하면 약 57%에 해당합니다. 따라서 그다음 날인 23일에 전일 저가 321엔을 하향 돌파하지 않으면 정리가 완료되었다고 판단해도 좋습니다.

'덮어쓰기 정리의 법칙'의 조건은 말 그대로 '덮어쓰기'입니다. 차트에는 긴 음봉 캔들이 나타납니다. 가능하면 윗꼬리와 아랫꼬리가 없는 **'장대음봉'이 이상적**이지만, 그렇지 않더라도 윗꼬리와 아랫꼬리 모두 짧을수록 좋습니다. 거래량 소화 기간은 최대 3일이며, **하루만에 50% 이상 도달하는 것이 가장 이상적**입니다.

거래량이 이에 크게 미치지 못하는 경우는 해당 종목에 대한 시장의 관심이 사라졌다고(인기 이탈) 판단해서 매수를 보류해야 합니다.

자료 7-12 '덮어쓰기 정리의 법칙' 사례 아이플(8515) 일봉 차트

인기 지속을 측정하는 '윗꼬리 갭 상승의 법칙'

인기 없는 종목은 거래가 활발하지 않으므로 피하는 것이 현명합니다. 다만 인기는 갑자기 높아지거나, 장기간 지속되거나, 순식간에 사라지는 등 불확실한 요소가 너무 많습니다. 이 **'인기의 지속성' 여부를 파악하는 것도 차트 분석의 중요한 포인트**입니다.

예를 들어, 일봉 차트에서 시가가 전일보다 높게 형성되었다면 해당 종목의 '인기'는 '지속되고 있다'라고 판단할 수 있습니다. 갭 상승 출발이란, 전일 종가보다 높은 가격에 시가가 형성되는 것을 의미하지만, 전일 긴 윗꼬리가 있는 경우는 이에 해당하지 않는다는 것이 바로 **'윗꼬리 갭 상승의 법칙'**입니다.

그 이유는 과연 무엇일까요? **긴 윗꼬리가 형성되었다는 것은 주가**

가 높이 올랐다가 당일 안에 강한 하락 압력을 받았음을 보여주는 좋지 않은 신호입니다. 이러한 패턴이 다음 날 시장에 미치는 영향을 측정하는 기준이 바로 다음 날의 시가입니다.

물론 윗꼬리(전일 고가)보다 높은 가격에 갭 상승 출발하는 것이 가장 이상적이지만, 현실적으로 쉽지 않습니다. 따라서 **윗꼬리 길이의 '절반 정도를 상쇄하고 갭 상승'하면 인기가 지속되는 것으로 판단**합니다. 여기서 절반은 50%를 의미합니다. 예를 들어, 윗꼬리가 10엔이라면 다음 날 시가가 전날 종가보다 5엔 이상 높게 형성되면 OK입니다.

실제 사례를 살펴봅시다. <자료 7-13> 미쓰비시 UFJ 파이낸셜 그룹(8306) 2018년 9월 13일 일봉 차트를 보면, 고가가 680엔, 종가가 674엔으로 양봉에 긴 윗꼬리가 형성되었습니다. 이때 윗꼬리 길이는 6엔이므로 그 50%인 3엔을 전일 종가에 더한 677엔 이상에서 다음 날 시가가 형성된다면, 인기가 지속되는 것으로 볼 수 있습니다. 실제로 다음 날 시가는 677엔을 기점으로 이후 크게 상승했습니다.

또 다른 사례로는 <자료 7-14> 안리쓰(6754) 2019년 1월 31일 일봉 차트를 들 수 있습니다. 윗꼬리가 26엔이므로, 그 50%인 13엔을 더한 1,941엔 이상에서 시가가 형성되면 인기가 지속되는 것으로 판단할 수 있습니다. 실제로 시가는 1,950엔에 형성되었습니다.

초보자는 우선 단순하게 **양봉에 윗꼬리가 생겼다면, 다음 날 갭 상승하는 것이 인기 지속의 조건**이라고 기억하면 됩니다. 이 법칙은 매우 빈번하게 나타나는 데 비해 간과하기 쉬우므로 확실하게 기억해 두시기 바랍니다. 카부키류의 기본적인 SP는 YHO이지만, 윗꼬리를 '절반 상쇄하고 갭 상승'하는 경우도 YHO와 동일한 관점에서 매매를 시작해도 좋습니다.

이 법칙을 매도에 응용하는 방법도 있습니다. 예를 들어, 수익이 발생한 보유 종목에서 **당일 윗꼬리가 형성되었을 때, 다음 날 그 윗꼬리를 상쇄하지 못하고 갭 하락하면 매도하는 것이 좋습니다.**

자료 7-13 '윗꼬리 갭 상승의 법칙' 사례 ① 미쓰비시 UFJ 파이낸셜 그룹(8306) 일봉 차트

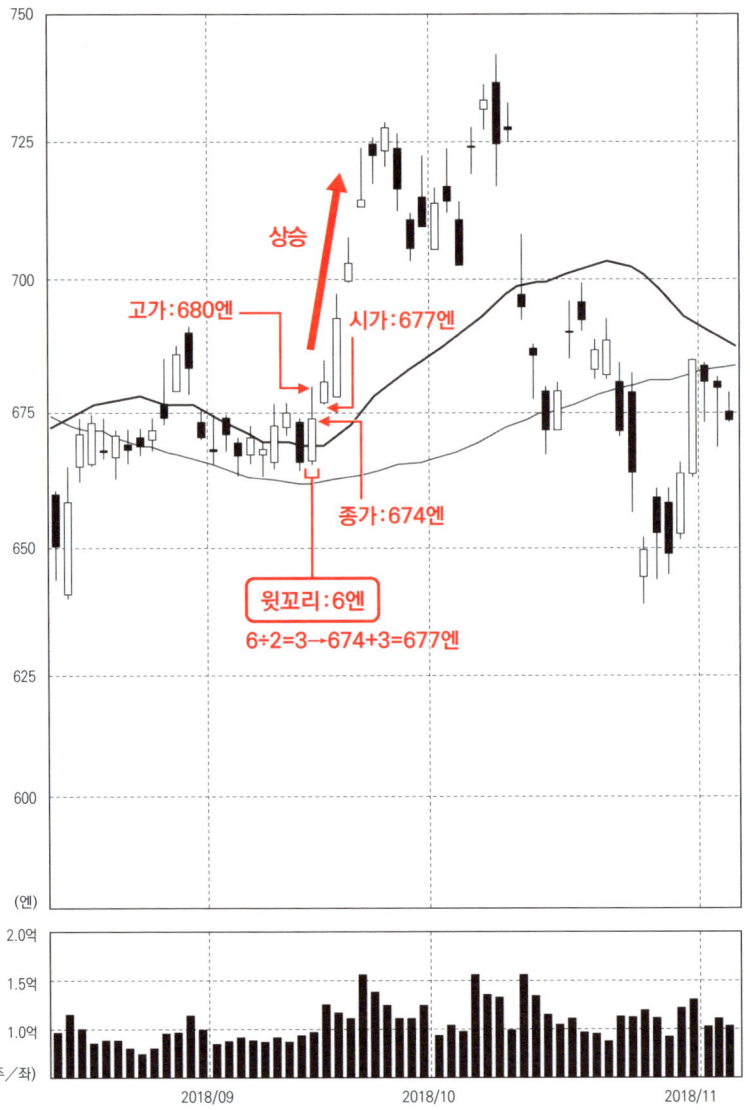

236 카부키류 기술적 분석을 활용하면 주식 투자가 보인다

자료 7-14 '윗꼬리 갭 상승의 법칙' 사례 ② 안리쓰(6754) 일봉 차트

Chapter 07 · [카부키류] 투자의 기본 기술 237

부록

'슈퍼 A클래스'와 'A클래스' 리스트

※종목 순서는 시가총액 순입니다.

슈퍼 A클래스

1. 도요타 자동차(7203)

2. 소프트뱅크 그룹(9984)

3. NTT(9432)

4. 미쓰비시 UFJ 파이낸셜 그룹(8306)

5. 다케다 약품공업(4502)

6. 소니(6758)

7. KDDI(9433)

8. 혼다(7267)

9. 미쓰이 스미토모 파이낸셜 그룹(8316)

10. 리크루트 홀딩스(6098)

11. 미쓰비시 상사(8058)

12. 미즈호 파이낸셜 그룹(8411)

13. 세븐 & 아이 홀딩스(3382)

14. 캐논(7751)

15. 닛산 자동차(7201)

16. 도쿄 해상 홀딩스(8766)

17. 아스텔라스 제약(4503)

18. 브리지스톤(5108)

19. 히타치 제작소(6501)

20. 이토추 상사(8001)

A클래스

21. 코마츠(6301)

22. 미쓰비시 지소(8802)

23. 후지필름 홀딩스(4901)

24. 파나소닉(6752)

25. 기린 홀딩스(2503)

26. 오릭스(8591)

27. 다이이치 생명 홀딩스(8750)

28. 도시바(6502)

29. 이온(8267)

30. 일본제철(5401)

31. JXTG 홀딩스(5020)

32. 노무라 홀딩스(8604)

33. 도쿄 가스(9531)

34. 미쓰비시 케미컬 홀딩스(4188)

35. 도레이(3402)

36. 도쿄 전력 홀딩스(9501)

37. 쿠보타(6326)

38. 미쓰비시 중공업(7011)

39. JFE 홀딩스(5411)

40. 스미토모 화학(4005)

41. 리소나 홀딩스(8308)

42. NEC(6701)

43. 샤프(6753)

44. 미쓰이 부동산(8801)

45. 미쓰비시 전기(6503)

46. 미쓰이 물산(8031)

47. ANA 홀딩스(9202)

48. 후지쯔(6702)

49. 다이세이 건설(1801)

50. 스미토모 금속광산(5713)

51. 오지 홀딩스(3861)

52. 다이이치산쿄(4568)

53. 일본유센(9101)

이전에는 단순히 '발행 주식 수 20억 주 이상'을 '슈퍼 A클래스'로, '발행 주식 수 10억 주 이상 20억 주 미만'을 'A클래스'로 구분했습니다.

그러나 2018년 가을부터 본격적으로 시행된 '주식 병합'으로 인해, 주식 거래 단가가 1,000주 단위였던 종목들이 10주가 1주로 병합되면서 더 이상 이전과 같은 단순 계산이 불가능해졌습니다.

따라서 이러한 **기준을 재검토해서 새롭게 등급을 설정한 것이 앞**

서 제시한 리스트입니다. 시가총액, 발행 주식 수, 업계 점유율의 균형을 고려해서 산정했습니다.

　예를 들어, 시가총액이 크더라도 **발행 주식 수가 적어서 순위에 포함되지 않은 종목**들도 있습니다. 대표적인 예가 키엔스(6861)입니다. 2019년 현재 주가는 7만 엔대이며 시가총액은 전체 4위지만, 발행 주식 수가 약 1.2억 주에 불과해 리스트에서 제외되었습니다.

　또한 **발행 주식 수 5억 주 이하의 종목들은 유동성 부족**으로 '슈퍼 A클래스'에서 제외했습니다. 약 2억 주인 동일본여객철도(9020), 약 3억 주인 오리엔탈랜드(4661), 약 1억 주인 닌텐도(7974) 등이 여기에 해당합니다.

　그 외에 **최대 주주가 30% 이상 소유하고 있는 종목**도 제외했습니다. NTT 도코모(9437), 일본유센(6178), 주가이제약(4519) 등이 여기에 해당합니다. 모회사의 영향력이 커서 독자성이 낮다고 판단했기 때문입니다. 르네사스 일렉트로닉스(6723) 역시 30% 이상의 대주주가 있어 제외되었습니다.

　슈퍼 A클래스와 A클래스는 속임수가 적고 주가 움직임의 신뢰성이 높기 때문에, 초보자는 이런 대형주부터 투자를 시작하는 것이 좋습니다.

에필로그

내일 어떤 일이 일어날지는 아무도 모릅니다. 주식이란 그런 세계입니다.

하지만 **카부키류의 기술적 분석을 활용하면 차트의 미래를 높은 정확도로 예측**할 수 있습니다. 또한 차트가 예상과 다르게 움직이더라도 사전에 설정한 TP나 LC 등을 철저히 준수하면 **리스크를 최소화할 수 있습니다.**

카부키류는 '운에 전적으로 의존하는 도박'이 아닙니다. 모든 체크포인트를 철저히 검증하는 심도 있는 분석을 바탕으로 자신을 과신하거나 자만하지 않고, **'이 조건이 충족될 때만 진입한다'라는 원칙에 따라 매매를 실행**합니다. 이처럼 과감하면서도 겸손한 자세로 임한다면 착실하게 수익을 쌓아갈 수 있습니다.

카부키류 기법을 확립하기까지 실제로 투자하면서, 때로는 제자들의 도움을 받으면서 수십 년에 걸쳐 수천, 수만 개의 실제 차트 움직임을 다각도로 검증하고 분석했습니다. **'경험에서 오는 직감'**이 아닌,

수치에 기반한 이론적인 기법입니다.

현시점에도 새로운 차트는 계속해서 탄생하고 있습니다. 따라서 이러한 분석을 토대로 카부키류 기법도 업데이트를 계속하고 있습니다. 즉, **카부키류에는 완성이란 없습니다.** 끊임없이 변화하는 시장 속에서 매일 새로운 발견을 통해 계속 진화해나갈 것입니다.

참고로 이 **방대한 검증작업은 모두 수작업**으로 이루어졌습니다. 아찔할 만큼 엄청난 시간과 노력이 소요되는 작업이지만 제가 좋아서 하는 일이기에 힘들지 않았습니다. **차트를 비교·분석하고 심오한 주식의 세계를 해석하는 것은 저의 취미이자 평생의 과업**이기도 합니다.

이 책에는 '슈퍼 A클래스'와 'A클래스'의 53개 종목과 각각의 구체적인 차트 패턴이 담겨 있습니다. **방대한 차트 중에서 독자 여러분이 이해하기 쉬운 자료만을 엄선**한 것입니다. 자화자찬일 수 있지만, 이렇게 구체적인 데이터를 제시하며 매매 기법을 설명하는 책은 드물다고 자부합니다. 이 책은 저와 제자들이 '생생한 데이터'를 바탕으로 완성한 결정판이자 완전판입니다.

'돈은 생물이다'라는 말이 있습니다. 저 또한 그렇게 생각합니다. **현금은 움직이지 않고 묵혀두면 전투력이 약해집니다.** 최소 한 달에 한 번은 매매를 통해 현금을 순환시켜야 합니다.

이 '현금 순환'이라는 개념은 매우 중요합니다.
하지만 요즘같이 시장이 호락호락하지 않은 상황에서는 투자할 만한 종목이 오랫동안 나타나지 않을 수 있습니다. 그래서 이 책에서는 **어떤 시장 상황에도 대응할 수 있도록 처음으로 '매도 기술'도 공개했습니다.**

하락장에서 유동성 높은 종목에 매도 신호가 나타나면, 이 책에서 소개한 기법을 활용해 과감히 매도하시기 바랍니다. 이러한 **카부키류**

기술들이 시장에 도전하는 여러분께 새로운 지평을 여는 무기가 되어줄 것입니다.

  이 책을 통해 여러분이 주식의 깊이와 재미를 발견하고 큰 수익을 얻으시기를 진심으로 기원합니다.

카부키

카부키류
기술적 분석을 활용하면
주식 투자가 보인다

제1판 1쇄 2025년 7월 7일

지은이 카부키(株鬼)
옮긴이 김진수
펴낸이 한성주
펴낸곳 ㈜두드림미디어
책임편집 최윤경, 배성분
디자인 김진나(nah1052@naver.com)

㈜두드림미디어
등 록 2015년 3월 25일(제2022-000009호)
주 소 서울시 강서구 공항대로 219, 620호, 621호
전 화 02)333-3577
팩 스 02)6455-3477
이메일 dodreamedia@naver.com(원고 투고 및 출판 관련 문의)
카 페 https://cafe.naver.com/dodreamedia

ISBN 979-11-94223-75-7 (03320)

책값은 뒤표지에 있습니다.
파본은 구입하신 서점에서 교환해드립니다.